Diccionario básico de Derecho

DICCIONARIOS BÁSICOS

La Bisagra | Buenos Aires | 2012

Fau, Mauricio Enrique
    Diccionario básico de derecho. - 1a ed. - Buenos Aires : La Bisagra Editorial, 2012.
    96 p. ; 14x10 cm. - (Diccionarios básicos / Mauricio Enrique Fau; 5)

    ISBN 978-987-1719-30-3

    1. Diccionario de Derecho. I. Título
    CDD 340.03

Fecha de catalogación: 23/03/2012

Colección Diccionarios Básicos
Director de la colección > Lic. Mauricio E. Fau

Mauricio Fau se graduó en la Licenciatura en Ciencia Política en la Universidad de Buenos Aires, UBA. Cursó también estudios de grado en la Carrera de Derecho de la UBA y en la Carrera de Periodismo de la Universidad de Morón.

Asimismo realizó materias de posgrado de la Maestría en Ciencias Sociales con especialización en Ciencia Política de la Facultad Latinoamericana de Ciencias Sociales, FLACSO.

Asistió a diversos talleres y seminarios en instituciones educativas, entre ellas el Instituto Argentino de Desarrollo Económico, IADE.

Representando a FLACSO participó con una ponencia en las Jornadas Nacionales Nietzsche 1994 y su exposición forma parte del libro alusivo, editado por la Editorial Universitaria de Buenos Aires, EUDEBA. Ha colaborado también con publicaciones vinculadas a las Ciencias Sociales y co-dirigió programas radiales de temática histórico-política.

Profesionalmente, se desempeñó como docente de la Carrera de Ciencia Política de la UBA y actualmente es Director Académico de La Bisagra Editorial y autor de numerosos libros de temática universitaria.

Derechos exclusivos ©2012, La Bisagra Editorial.
Tonelero 5971, CP 1408, CABA, 4642-3802.
Salón de ventas: Librería TODO CBC, Viamonte 2011, CABA.
Impreso en Arieimpresores, Mariano Acha 2415 (1430), C.A.B.A., en el mes de marzo de 2012.

1° impresión en esta colección: 1000.
Hecho el depósito que prevé la ley 11.723
Impreso en Argentina

Diseño de tapa e interior: María Eugenia Vigna
Ilustración de tapa: Leandro Fernández Fau

Escribo para que la muerte no tenga la última palabra.

Odysseus Elytis, poeta griego

DATOS BIOGRÁFICOS

DEL AUTOR

Mauricio Fau se graduó en la Licenciatura en Ciencia Política en la Universidad de Buenos Aires, UBA.

Cursó también estudios de grado en la Carrera de Derecho de la UBA y en la Carrera de Periodismo de la Universidad de Morón.

Asimismo realizó materias de posgrado de la Maestría en Ciencias Sociales con especialización en Ciencia Política de la Facultad Latinoamericana de Ciencias Sociales, FLACSO.

Asistió a diversos talleres y seminarios en instituciones educativas, entre ellas el Instituto Argentino de Desarrollo Económico, IADE.

Representando a FLACSO participó con una ponencia en las Jornadas Nacionales Nietzsche 1994 y su exposición forma parte del libro alusivo, editado por la Editorial Universitaria de Buenos Aires, EUDEBA.

Ha colaborado también con publicaciones vinculadas a las Ciencias Sociales y co-dirigió programas radiales de temática histórico-política.

Profesionalmente, se desempeñó como docente de la Carrera de Ciencia Política de la UBA y actualmente es Director del Departamento Académico de la firma Soluciones Universitarias, especializada en la elaboración de materiales didácticos para el ingreso a la Universidad.

DEL REVISOR

Claudio Tarulli es Abogado de la Universidad de Buenos Aires (UBA).

PREFACIO

Elaborar este diccionario –y los demás que forman la colección de Diccionarios Básicos– ha sido una tarea ardua e intensa, pero muy satisfactoria.

Las miles de horas dedicadas al trabajo se ven recompensadas por la convicción de que el lector encontrará un material realmente valioso, realizado con la mayor seriedad.

En lo personal, me ha sido de suma utilidad el verme ante el desafío de elaborar un contenido que incluya las más diversas manifestaciones del pensamiento, con la convicción de que es desde el conocimiento de lo diverso como se constituyen las propias ideas.

Sin caer en un eclecticismo vacío ni oportunista, la legítima aspiración a la objetividad científica se topa indefectiblemente con la toma de posición, la cual –a la inversa– es puesta en cuestionamiento, es interpelada, por ideas diferentes e incluso antagónicas.

Estoy convencido de que la verdadera libertad del hombre pasa, no por una pretendida objetividad dogmática, sino por la posibilidad de tener acceso a todas las voces, a todos los discursos, a todos los conflictos. Sólo de ese modo –es decir conociendo perfectamente aquellas ideas que no son las nuestras– podremos realmente elegir de un modo no dogmático las propias.

La vieja idea ilustrada del enciclopedismo mantiene su vigencia. El objetivo de este Diccionario es aportar un granito de arena en la titánica lucha por la liberación humana de toda forma de opresión.

Si por intermedio de este libro el lector logra aprender y aprehender algo más de lo que ya sabía. O mejor, si se topa con ideas que contradicen las suyas hasta hacerlas tambalear. Si se produce esa *sacudida*, entonces el objetivo estará cumplido. Las grandes revoluciones de la historia requieren tanto de una transformación social material como de un cambio en la cabeza de sus protagonistas.

El autor

CARACTERÍSTICAS
DEL DICCIONARIO

• Los términos más utilizados en el ámbito universitario

• Explicación breve, pero precisa y completa

• Definiciones basadas en la bibliografía propuesta en los programas de las materias del Ciclo Básico Común de la Universidad de Buenos Aires (CBC), el sistema a distancia UBA XXI y otros de diversos universidades públicas y privadas

• Gran cantidad de remisiones, para que el lector encuentre el término que busca

• Referencias cruzadas destacadas que permiten pasar de una definición a otra vinculada y así sucesivamente. Así, partiendo de cualquier definición del Diccionario es posible recorrer diversas rutas: el conjunto de una teoría, cotejar teorías diferentes, asociar y agrupar términos, recorrer la obra completa de un autor por medio de sus conceptos claves

• Contextualización rápida: en las entradas referentes a personajes históricos y pensadores, inmediatamente después del apellido y nombres se ofrecen datos como la fecha de nacimiento y muerte, nacionalidad, profesión, etc

• Términos no unívocos: en el caso de las entradas cuyas definiciones dependen de la teoría en la que se encuadren, esto se aclara específicamente. Esto es útil a los lectores para comparar y advertir la diversidad ideológica que tienen muchos términos, reforzando el espíritu pluralista y crítico, reconociendo las cargas ideológicas diferentes y hasta opuestas

• Obras claves: libros fundamentales con su autor y fecha en el que fueron escritos. Este recurso resulta muy útil para comenzar a leer un libro ya que permite contextualizarlo (con la época y el lugar en que se hizo) y ver sus ideas principales

• Términos clave de un autor: se trata de términos pertenecientes o muy ligados a un autor en particular

• Inicial: en la definición se utiliza la inicial de la entrada en cuestión

• Ejemplos: cada vez que lo hemos considerado necesario se han introducido ejemplos aclaratorios

• Letras Ch y Ll: de acuerdo con las recomendaciones de la Asociación de Academias de la Lengua Española para los diccionarios, las letras ch y ll no figuran en forma independiente sino que aparecen en el orden correspondiente dentro de la c y la l respectivamente

• Términos de otras lenguas: las palabras pertenecientes a lenguas distintas del español son presentadas en letra cursiva

• Bibliografía: al final del Diccionario, el lector hallará una bibliografía cuidadosamente seleccionada que constituye una verdadera biblioteca esencial de cada disciplina

Diccionario básico de Derecho

A

A contrario sensu: Expresión latina que significa "por el contrario".

Ab initio: Locución latina que significa "desde el inicio" o "desde el principio".

Ab intestato: Expresión latina que significa "sin testamento".

Abigeato: Hurto de ganado.

Abolir: Anular o suprimir una **ley** o **costumbre**.

Abrogar: Dejar sin efecto la fuerza obligatoria de una **norma** o **ley**. Derogar no es lo mismo que A: la **derogación** implica dejar sin efecto sólo una parte de una norma o ley y no el conjunto.

Absolución: Resolución judicial que libera de toda responsabilidad a un acusado.

Absolución de posiciones: En la prueba confesional, acto de responder una de las partes litigantes las preguntas de la otra.

Abstención: En una votación, la A es aquel voto que no toma partido por ninguna de las alternativas en pugna. Se abstiene aquel que no adhiere a una propuesta pero que tampoco encuentra motivos suficientes como para votar en contra de la misma.

Abuso de derecho: Comprende el ejercicio irregular de un **derecho**, que causa perjuicios a otros, contrariando los fines generales que la **ley** tuvo en miras al consagrarlo como tal. En nuestra legislación figura en el artículo 1071 del **Código Civil**.

Acción: Comportamiento voluntario que busca un fin y que es jurídicamente relevante. En este sentido, en **Derecho penal** se dice que "sin A no hay **delito**".

Acción: Derecho subjetivo público que permite solicitar alguna cosa en **juicio**.

Acción de amparo: Ver **amparo**.

Acción por omisión: Inacción que produce efectos. En el **Derecho Penal**, el término está ligado a la comisión de un **delito** por omisión (ver **comisión por omisión**), que comete alguien al abstenerse de realizar alguna **conducta** obligatoria. Por ejemplo, es el caso de la madre que no alimenta a su bebé.

Acordada: Resolución de la **Corte Suprema** de Justicia vinculada a cuestiones administrativas del **Poder Judicial**. En la **historia Argentina**, las A han excedido esa **función** y se han pronunciado, por ejemplo, en favor de **golpes de Estado**, como sucedió en 1930.

Actas de navegación: Derecho para navegar en un **territorio** nacional. Durante el **mercantilismo**, la AN fueron utilizadas por los **Estados** para otorgar exclusividad de cabotaje a las embarcaciones nacionales (derecho de bandera).

Activo: Conjunto de **bienes, servicios** y derechos que se tienen en **propiedad** y que pueden medirse en términos monetarios. El A puede ser: 1- circulante (**dinero, depósitos**), 2- nominal o intangible (marcas, patentes) o 3- fijo, físico o real (el edificio de una **empresa**, las máquinas, la **tierra**). Contablemente, el A o **haber** es igual al **pasivo** más el patrimonio.

Acto antijurídico: Hecho ilícito que antecede a una **sanción**.

Acto jurídico: Hecho voluntario lícito debido a la intervención del hombre, que produce efectos jurídicos, es decir, la adquisición, modificación o extinción de derechos u obligacines, y que establece relaciones jurídicas entre las personas. Todo AJ es un **hecho jurídico**, pero no todo hecho jurídico es un AJ. Así, un hecho jurídico involuntario o un hecho jurídico ilícito (**delito** o cuasidelito), no son AJ.

Acusación: Imputación a un sujeto de la comisión de un **delito** ante un tribunal.

Ad hoc: Vocablo latín que significa "para esto", **argumento** pertinente que se utiliza en relación con un tema que se está tratando. También, algo que se hace exclusivamente con un fin específico o en el lugar o el momento justos.

Ad referéndum: Vocablo latín que significa "a condición de ser aprobado"; refiere en general a acuerdos diplomáticos o votaciones que deben ser confirmadas.

Ad valorem: Voz latina que significa "según el valor".

Administración fiduciaria: Ver **fideicomiso**.

Aduana: Organismo estatal con facultades para controlar la entrada y salida de **bienes** de un país y recaudar los **impuestos** correspondientes.

Albedrío: Facultad individual para elegir en forma consciente los propios valores, decisiones y conductas.

Alegato: Escrito que las partes litigantes presentan al Juez con relación al mérito de las pruebas.

Alético: (Del griego *aletheia*, "verdad"). Referido a la **verdad** o el "desocultar".

Amnistía: Anulación estatal de la responsabilidad penal de los culpables de **delitos** por razones políticas, sancionada por el **Poder Legislativo**. En la **Constitución Nacional** figura en el artículo 75, inciso 20.

Amoral: Que no tiene **moral**. Por ejemplo, los animales son A. Se distingue de lo *inmoral*, que es lo que va en contra de la moral.

Amparo: Acción que consiste en pedirle a un juez protección de cualquiera de los derechos asignados por el orden jurídico (menos el de la libertad física, el cual está protegido por el **hábeas corpus**) cuando su ejercicio pudiera sufrir algún tipo de limitación, restricción o alteración. Fue incorporado a la **Constitución Nacional**, artículo 43, con la **reforma de 1994**. Existe un A tradicional y un A colectivo, que protege, por ejemplo, los **derechos difusos**.

Anexión: Apropiación de un **Estado** o **territorio** por parte de otro.

Antijurídico: Contrario al **derecho**.

Apelación: Ver **recurso de apelación**.

Arbitraje: Intervención que dos o más naciones en conflicto solicitan a otro **Estado**, tribunal internacional o personalidad para que tome una decisión, llamada **laudo arbitral**. Se aplica también a la mediación que interviene en los conflictos entre **trabajadores** y **empleadores**.

Asamblea constituyente: Autoridad superior facultada para crear o modificar una **Constitución**. En la **Constitución Nacional** la AC está reglada por el artículo 30.

Asamblea Legislativa: Reunión unificada especial de ambas **cámaras** legislativas –**Diputados** y **Senadores**–. Así, la **Constitución Nacional** establece que debe reunirse la AL para que el **Presidente** y el **Vicepresidente** de la **Nación** presten juramento, para aceptar o rechazar su renuncia, o en el momento de la apertura anual de las sesiones del **Parlamento**.

Asilo: Derecho de inmunidad y protección en **territorio** extranjero que se otorga a las personas perseguidas en su propio país. Surgido hacia el siglo XV, el A se solicita a veces en las sedes de las representaciones diplomáticas (embajadas) las que, a través del principio de **"extraterritorialidad"**, gozan de protección en suelo extranjero.

Asonada: Rebelión.

Atributos de la personalidad: Facultades de las que disponen las personas y hacen a su esencia, tales como el **nombre**, el **domicilio**, la **capacidad**, el estado o el **patrimonio**. Características: necesarios, inseparables, inalienables, imprescriptibles y excluyentes (sólo se puede tener uno de cada clase).

Audiencia: Acto que consiste en la expresión de una o ambas partes de un proceso judicial ante la autoridad correspondiente.

Audiencia pública: Reunión **pública** convocada por el **Estado** –nacional, provincial o municipal- con el fin de recabar opiniones de la **comunidad** sobre diversas cuestiones. En general, sus resoluciones no son de carácter obligatorio sino orientativo.

Auto de prisión preventiva: Privación de la libertad al imputado de un **delito** por parte de un juez penal competente, cuando se sospecha que aquel pueda fugarse u obstaculizar de algún modo el proceso.

Auto de procesamiento: Resolución judicial penal que establece que un sujeto debe ser procesado por un hecho ilícito del que existen indicios o elementos de **prueba** suficientes que, a juicio del magistrado, lo sindican como autor o partícipe.

Autodeterminación: Principio jurídico-político que establece el **derecho** de los **pueblos** a autogobernarse.

Autonomía: Dícese del **pueblo** que se gobierna y se da sus propias **leyes** sin depender de otros. **Estado** o **Nación** que disfruta de total independencia, siendo un concepto de mayor alcance que la **autarquía**. La A es propia de **municipios**, provincias o regiones que administran sus riquezas y establecen su propio orden. Opuesto: **heteronomía**.

Autoría: Ejecución de una **acción típica** por parte de un **sujeto**. Puede ser inmediata o mediata.

Autoridad: Facultad de un **individuo** o **grupo** de imponer a otros ideas, reglas o mandatos.

Autos: Resoluciones judiciales tomadas antes de la **sentencia definitiva**.

Aval: Garantía de carácter comercial, hecha por un tercero que se convierte en co-obligado del pago.

Avaloración: Desconsideración de los **valores**.

Axiología: Filosofía de los **valores** morales, lógicos y estéticos.

Axiológico: Aquello que está relacionado con los **valores**.

B

Bancarrota: Declaración legal que establece la **insolvencia** o incapacidad de pago de sus deudas por parte de una **empresa** o **individuo**. **Quiebra** que impide continuar con las actividades económicas normales.

Bentham, Jeremy (1748-1832): Filósofo y jurista inglés, padre del **utilitarismo**, sostuvo que el hombre se maneja entre el dolor y el placer, buscando la máxima felicidad posible. Estudiando **Derecho Penal**, ideó un tipo de cárcel circular, el **panóptico**, cuyo objetivo era cambiar el castigo del encierro y la oscuridad por una **vigilancia** de cada movimiento de los reclusos. Si bien este **modelo** no fue aprobado en su época, fue retomado posteriormente por Michel **Foucault** para desarrollar sus teorías. Entre sus obras principales encontramos a: *Tratado de legislación civil y penal* (1802) y *Manual de Economía Política* (1825).

Bien común: Concepción filosófica que afirma la existencia de un conjunto de elementos materiales y morales tendientes a la felicidad, comunes a todos los **individuos** reunidos en una **sociedad**. En algunas teorías –especialmente desde **Aristóteles**, el pensamiento **escolástico** y la óptica jurídica- el BC es el fin último del **Estado**.

Bobbio, Norberto (1909-2004): Filósofo y jurista especialista en temas de **Filosofía** del **Derecho** y **Ciencia Política**, recibió influencias de **Kelsen, Hobbes, Croce, Weber** y **Marx**, adoptando posturas eclécticas. Sus planteos reivindicaron a la **democracia** (a secas, sin aditamentos, sin carácter de **clase**) por encima de todo otro valor político e intentaron combinar el pensamiento **liberal** y el **socialista** (a los que identificó con la libertad y la igualdad, respectivamente). En la **política** práctica adoptó posiciones cercanas a la **socialdemocracia**, militando en fuerzas políticas de **centroizquierda** (el Olivo) y de oposición al **fascismo** (con el que sufrió cárcel), al **neoliberalismo** y al **marxismo** revolucionario. Senador vitalicio desde 1984, entre sus obras principales encontramos a: *Diccionario de Política* (1977, con N. Mateucci), *El futuro de la democracia* (1984) y *Derecha e izquierda* (1995).

Bodin, Jean (1530-1596): Economista, filósofo y político francés, defensor del **Estado monárquico absolutista**, desarrolló la **teoría** de la **soberanía** (ver). Algunos lo consideran pionero de la **economía política**. Entre sus obras principales encontramos a: *Los seis libros de la República* (1576).

Bula: Documento papal que versa sobre temas de fe, concesión de gracias y privilegios, asuntos administrativos y judiciales, etc.

C

Cámara: Cuerpo legislativo. En la mayoría de los **Parlamentos** existe una **C alta** y una **C baja**.

Cámara alta: Cuerpo legislativo que no necesariamente es elegido por el **pueblo**. Por ejemplo, la **cámara de Senadores**, la **cámara de los Lores** o el *bundesrat*. Opuesto: **cámara baja**.

Cámara baja: Cuerpo legislativo elegido directamente por el **pueblo**. Por ejemplo, la **cámara de Diputados**, la **cámara de representantes**, la **cámara de los Comunes** o el *bundestag*. Opuesto: **cámara alta**.

Cámara de Apelaciones: Segunda instancia, tribunal inmediato superior con respecto a los jueces de **Primera Instancia**.

Cámara de Diputados: Órgano legislativo que representa al **pueblo**. Llamada también **cámara baja**, expresa la forma representativa de **gobierno** al conformarse a partir de **elecciones** directas y proporcionales sobre la base del **sufragio universal** y secreto.

Ejemplos: **cámara de los Comunes**, el *bundestag*, las **cortes** españolas o el **congreso** norteamericano.

Cámara de origen: Cámara legislativa que inicia el tratamiento de un proyecto de **ley**, iniciativa o **decreto**. Salvo casos explícitamente señalados, tanto la **cámara alta** como la **cámara baja** pueden ser CO. La cámara que trata las leyes en una segunda instancia es la **cámara revisora**.

Cámara de representantes: Órgano legislativo que representa al **pueblo**. Ejemplo: **cámara de diputados**.

Cámara de Senadores: Órgano legislativo que representa a las provincias o **Estados** de un país. En las **repúblicas**, los senadores son electos por el **voto** popular. Bajo otras **formas de gobierno**, la CS es integrada por miembros nombrados por quien detenta el **Poder Ejecutivo**. También en algunos países se otorga el título honorífico y vitalicio de **senador** a ex **Presidentes** o a **ciudadanos** destacados. Llamada también **cámara alta**, la CS expresa la forma **federal** de **gobierno**. También cumplen una función análoga el *bundesrat* alemán y la **cámara de los Lores** británica. En su origen en la antigua **Roma**, el Senado era una asamblea de patricios y de los considerados más capaces.

Cámara revisora: Cámara legislativa

que recibe para su tratamiento proyectos de **ley**, iniciativas y **decretos** provenientes de la **cámara de origen**. Salvo casos explícitamente señalados, tanto la **cámara alta** como la **cámara baja** pueden ser CR.

Canónico: Relativo a los cánones, reglas o artículos bíblicos y/o del **derecho C.**

Cantones: Divisiones administrativas de un **territorio** que poseen alto grado de **autonomía** (tienen sus propios **parlamentos y gobiernos**) sin ser totalmente independientes. Vigentes en Suiza y Luxemburgo, equivalen a las provincias o distritos.

Capacidad: Aptitud de una persona para adquirir derechos y contraer obligaciones. Cuando la C se refiere al goce o titularidad de un derecho, estamos ante la C de derecho. Cuando la C se refiere al ejercicio de un derecho, estamos ante la C de hecho.

Capitulación: Rendición de uno de los bandos en **guerra**.

Carta Magna: Denominación que recibe la **Constitución** de un **Estado**, considerada la **ley** máxima.

Carta Magna (Inglaterra, 9-6-1215): Antecedente originario del **parlamentarismo**. A través de la CM, los Barones de **Inglaterra** (**nobleza feudal y clero**) pusieron limitaciones a las facultades del **Rey** Juan Sin Tierra, en particular las impositivas. Aunque su origen es aristocrático, la CM sirvió al **liberalismo** de los siglos XVII-XVIII. Así, el Consejo del **Rey** fue evolucionando hasta convertirse en **Parlamento.**

Casación: Recurso que se presenta ante el tribunal supremo de un país con el fin de que revoque resoluciones de instancias inferiores, a causa de una mala aplicación de la **ley** o una incorrecta calificación de los hechos juzgados. También se puede definir como una acción de anular un **juicio** por sospecharse que está viciado de **subjetividad**. La Cámara de C se encarga de revisar estos casos, en resguardo del principio de defensa. Es el caso de los jueces que pueden llegar a tener algún interés en el resultado de un juicio.

Caso Marbury vs Madison (EE.UU., 1803): Caso testigo de la **doctrina de la supremacía constitucional**, a través de un fallo de la **Corte Suprema** de ese país. Estableció que si una **ley** es contraria a la **Constitución**, la primera es nula.

Casus belli: Voz latina que significa "caso de **guerra**". Son las medidas que adopta un **Estado** para justificar la declaración de guerra contra otro.

Circunscripción: División de un **terri**

torio según diferentes criterios (administrativos, electorales, militares, religiosos, etc). También llamado **partido** o **departamento**.

Ciudadanía: Condición de pertenencia de un **individuo** a una **comunidad política** a partir del reconocimiento del **Estado**, que habilita a aquel a ejercer los derechos políticos, entre ellos los derechos electorales, de petición, de reunión y de asociación. En esta concepción **liberal** de la C, las cuestiones económicas y sociales quedan al margen, por considerarse independientes del Estado. Es por ello que suele distinguirse entre una **C política** y una C económico-social, vinculada ésta con la llamada **ciudadanía de segunda generación**. El sociólogo T. Marshall distingue una **C civil**, una C política y una **C social**. El término remite históricamente a la **teoría contractualista**, a la **Carta Magna** inglesa (**hábeas corpus**) y a la **Revolución Francesa** (*Declaración de los Derechos del Hombre y del Ciudadano*, 1789).

Ciudadano: Persona que tiene derechos y obligaciones civiles y políticos (ver **ciudadanía**).

Cívico: Civil, **ciudadano**.

Coacción: Utilización de la violencia para imponer una relación de **dominación**. **Poder** que ejerce el **Estado** mediante el uso de la fuerza.

Coacción: Ejecución forzada de una **sanción** contra un sujeto que realizó una conducta antijurídica. También, cumplimiento efectivo de la sanción.

Codex: Voz latina que hace referencia a toda **compilación** o **código** de **leyes y preceptos** jurídicos, imperiales, religiosos, etc. Por ejemplo, el **C de Justiniano**.

Código: (Del latín *codicus* o *codicem*, "cuerpo ordenado y metódico de **leyes**"). Conjunto de leyes y **normas** articuladas en forma metódica y sistemática, que regulan las relaciones sociales y se publican reunidas en un único cuerpo. Ejemplos de C: el **C de Hammurabi**, el **Código Civil**, etc.

Código Civil (Argentina, 1-1-1871 →): Fue redactado por Dalmacio Vélez Sársfield en 1864 y aprobado durante la presidencia de Nicolás **Avellaneda**. Materias: **Matrimonio**, Registro Civil, Derechos civiles de la mujer, Arrendamientos urbanos, Bien de familia, Filiación matrimonial y extramatrimonial, Adopción y Propiedad horizontal.

Código de Comercio (Argentina, 1859 →): Fue redactado por Dalmacio Vélez Sársfield. Está formado por cuatro libros: De las **Personas**, De los **Contratos de Comercio**, De los derechos y obligaciones que surgen de la navegación y De las **Quiebras**.

Código de Hammurabi (Babilonia, 1728-1686 a.C.): **Compilación** de preceptos jurídicos y **leyes** realizada por Hammurabi, Rey de **Babilonia**. Es el **código** más antiguo del que se tenga registro.

Código de Justiniano (Roma, 534): **Código** promulgado por este Emperador, es la obra más importante del **Derecho Romano**. Está integrado por el Código propiamente dicho, el **Digesto**, las Institutas y las Novelas.

Código Justiniano: Ver **Código de Justiniano**.

Código Napoleón (Francia, 1804): Denominación que recibe el **Código** Civil francés, promulgado durante el **Imperio napoleónico**.

Código Penal (Argentina, 1886 →): Fue redactado en 1863 por Carlos Tejedor durante la presidencia de Bartolomé **Mitre**, entrando en vigencia dos décadas después.

Coerción: Utilización de la fuerza para imponer la **autoridad**. Opuesto: **consenso**.

Cohecho: Acto delictivo del funcionario público que recibe (y de la persona que le da) **dinero** o cualquier otra dádiva para hacer o dejar de hacer algo relativo a sus funciones.

Coima: Ver **cohecho**.

Colegio electoral: Cuerpo electivo que nombra al **Presidente** o Jefe de un **Estado**. En la **Constitución Argentina** existió un CE hasta la reforma de 1994.

Colonato (Roma, siglo III): Institución establecida por Diocleciano por la que la **tierra** se vendía junto con los **colonos** y sus hijos, los que estaban forzados a seguir el oficio de sus padres.

Colonia: Forma de **dominación** que se expresa en la ocupación militar de un **territorio** por una minoría extranjera, que somete por medio de la violencia a la **sociedad** nativa e impone un aparato militar, político y administrativo. Implica también la dominación económica, lo que incluye **saqueos**, uso compulsivo de la **mano de obra** nativa, acaparamiento de **tierras** y **monopolio** comercial sobre la **producción** por parte de los colonizadores (ver **colonización** y **colonización española**). No obstante, también se utiliza el término C para referir a un proceso de colonización no forzoso, por ejemplo cuando un grupo de **inmigrantes** se asienta voluntariamente en un **territorio** vacío o semivacío. Finalmente, se llama C a una comarca rural donde hay **parcelas** que se destinan a la **producción agrícola** y cuyos habitantes se alojan en asentamientos dispersos (ver **colono**).

Comisión por omisión: Ver **acción por omisión**.

***Common Law*:** **Sistema** jurídico adoptado por los países **anglosajones** –**Inglaterra** en especial-, que se caracteriza por ser un **derecho** no escrito, basado en el derecho común o la **costumbre** (derecho **consuetudinario**) impuesta en cada país.

Commonwealth of Nations (11-12-1931): Voz inglesa que significa "comunidad de naciones". El *CON* es una **organización** jurídico-política que expresa la continuidad del **Imperio Británico** y agrupa a **Inglaterra** y sus **colonias, protectorados**, dominios, junto con algunos **Estados** autónomos e independientes, como Australia y Canadá. Luego de la **Segunda Guerra Mundial** se redujo considerablemente la cantidad de sus miembros.

Comodato: **Contrato** por el que se presta una cosa no **fungible**, con la obligación de ser devuelta luego de cierto tiempo.

Compensación: **Indemnización** que recibe quien sufre un daño o una pérdida en su patrimonio por causa de otro. En operatoria bancaria, las C son **créditos** y débitos recíprocos entre entidades **financieras**. En términos **bélicos**, las C equivalen a las reparaciones de **guerra**.

Competencia: Atribución de la autoridad judicial para conocer en determinado asunto. Aptitud de los jueces y tribunales para ejercer su **jurisdicción** en un caso determinado y en determinada etapa del proceso judicial. La C puede ser territorial o geográfica, objetiva o por materia y funcional.

Compilación: Reunión o colección de **leyes** u otros textos en un único cuerpo escrito. La persona encargada de armar la C es el compilador.

Composición: Resarcimiento frente a un daño ocasionado por otro, consistente en una reparación en forma de beneficio, establecido por un árbitro o predeterminado según un sistema de **tarifas**.

Compraventa: **Contrato** por el cual un vendedor transfiere la **propiedad** de una cosa mueble o inmueble a un comprador a cambio de un **precio** expresado en **dinero**.

Concordato: Tratado internacional entre un **Estado** y la **Iglesia Católica**. El primer C se realizó en 1122, entre el **Papa** Calixto II y el **Emperador** Enrique V, por el cual se diferenció a la **jurisdicción** espiritual de la temporal.

Concurso: Coincidencia de varios sujetos (acreedores) en la pretensión de derechos patrimoniales sobre un mismo deudor. Los más comunes son el C preventivo y el C de **quiebra**. En **Derecho Penal**, suma de varios **delitos** imputados a una persona.

Condición necesaria: Requisito imprescindible para que un **fenómeno** se produzca, sin el cual éste no ocurre. En **lógica**, la CN se relaciona con el **consecuente**: por ejemplo, "Para dar el final hay que (es necesario) sacar 4." Aunque indispensable, la sola presencia de una CN no siempre produce el fenómeno, ya que una condición puede ser necesaria y no ser **condición suficiente**. Por ejemplo, en la **Argentina** tener treinta años es CN para ser candidato a **diputado**, pero no es condición suficiente: también se debe ser **ciudadano** argentino. Cuando una condición es a la vez CN y condición suficiente, entonces define un hecho.

Condición *sine qua non*: Ver ***sine qua non***.

Condición suficiente: "Es suficiente que uno de sus empleados llegue tarde para que se ponga a gritar como loco". En este **enunciado** podemos distinguir el **antecedente** –"es suficiente que uno de sus empleados llegue tarde"– y el **consecuente** –"para que se ponga a gritar como loco"–. Ahora bien, la condición que une al antecedente y al consecuente

es suficiente porque, si bien **siempre** y sin excepción que uno de sus empleados llega tarde se pone a gritar como loco, sin embargo, esto no es una **condición necesaria**, dado que puede ponerse a gritar como loco por cualquier otra causa. En un enunciado condicional el antecedente es CS, pero no condición necesaria para el consecuente.

Condominio: Soberanía compartida entre dos o más **Estados** sobre un país o **territorio**. Dominio sobre una cosa común a dos o más personas.

Condonación: Renuncia o perdón sobre una deuda u **obligación** jurídica.

Conducta: Hecho voluntario humano consistente en un hacer (**acción**) o un no hacer (**omisión**).

Confederación: Acuerdo voluntario entre distintos **Estados** independientes, que se unen bajo un órgano común que tiene competencia en asuntos muy limitados, ya que los miembros componentes pueden negarse a aplicar las decisiones emanadas de ese órgano. La C implica una unión débil a través de un pacto, con fines de integración económica y comercial y asistencia militar. Los miembros conservan su **soberanía** y autodeterminación, además de los derechos de nulificación (rechazo de **leyes**) y secesión (separación). No hay **gobierno** común y cada miembro tiene **aduanas**, fuerzas armadas y **moneda** propios. Se diferencia, por lo tanto, de la **federación**.

Confiscación: Incautación, transferencia de **bienes** privados al **Estado**. A diferencia de la **expropiación**, en la C no existe **indemnización**. Por ejemplo, la **Revolución Francesa** confiscó la **tierra** de los **nobles** y la **Revolución Rusa** hizo lo propio con las **empresas** en **propiedad** de la **burguesía**. En la **Constitución Nacional** está prohibida por el artículo 17.

Congreso: Poder Legislativo, unicameral o bicameral. Si es bicameral, se compone de una **Cámara de Diputados** y una **Cámara de Senadores**, cuya **función** esencial es la de elaborar y sancionar **leyes**. Al menos formalmente, el C o **Parlamento** es independiente del **Poder Ejecutivo** y del **Poder Judicial** y ejerce un control sobre éstos a través del **juicio político** y la **ley** de **Presupuesto**, entre otros instrumentos.

Congreso Constituyente: Ver **asamblea constituyente**.

Conmoción interior: Movimientos de perturbación del orden político y social vigente, tales como **insurrecciones** populares, rebeliones, sublevaciones, etc. En nuestro país, en caso de que esté en peligro el ejercicio de la **Constitución Nacional** o de las autoridades creadas por ésta, la CI habilita a que se declare el **estado de sitio** (artículo 23).

Conmutación de penas: Cambio de una **pena** por otra menor. En nuestra **Constitución** se establece que la CP es una atribución presidencial.

Conmutativo: Ver **justicia conmutativa**.

Consejo de Administración Fiduciaria: Organismo de la **ONU** ya caduco, surgido tras la **Segunda Guerra Mundial** para administrar los once territorios en **fideicomiso** en transición a la declaración de su independencia.

Consejo de la Magistratura: Órgano del **Poder Judicial** formado por veinte miembros –presidido por el Presidente de la **Corte Suprema** de Justicia de la Nación– cuya función es designar magistrados y administrar el funcionamiento general de este poder del **Estado**.

Constitución: Ley fundamental de un **Estado**, conjunto de **normas** básicas superiores a cualquier otra ley, que organizan **política** y jurídicamente a un país.

Constitución de Cádiz (España, 19-3-1812): Constitución dictada durante la invasión napoleónica, la CC introdujo a **España** en el **constitucionalismo liberal** moderno, inspirado en la **Revolución Francesa**. Así, suprimió la **Inquisición** y los privilegios de la **Iglesia** y la **nobleza**, y proclamó el **sufragio universal**, las libertades y la **soberanía** nacional. Fue anulada dos años después (4 de mayo de 1814), cuando **Fernando VII** retornó al **poder** y reinstauró la **monarquía absoluta**. Entre 1820-23 volvió a estar en vigencia tras una **sublevación**, pero la **Santa Alianza** reinstaló al **Rey**, quien volvió a anularla.

Constitución de Estados Unidos (EE. UU., 17-9-1787): Primera **Constitución** escrita de la era moderna y **modelo** en el que se basó la **Constitución Nacional** de la **Argentina**. De inspiración **liberal**, entre sus principios esenciales encontramos: la **soberanía popular**, la **igualdad ante la ley** y la protección estatal de los derechos del **ciudadano** (libertad, seguridad y **propiedad**). Se caracteriza por ser presidencialista y **federal**.

Constitución de Weimar (Alemania, 11-8-1919 / 2-8-1934): Norma fundamental de la **República de Weimar**, estableció una síntesis entre el **liberalismo** y la **democracia social**, dando acogida a los derechos económicos y sociales. Fue derogada por los **nazis**.

Constitución formal: Documento que contiene las **normas** y principios fun-

damentales de un **Estado**. Opuesto: **Constitución material**.

Constitución material: Ordenamiento fundamental de un **Estado**, formado no sólo por sus **normas** escritas (**Constitución formal**), sino también por sus **costumbres**, principios y **estructuras**.

Constitución mexicana de 1917 (México, 5-2-1917): La primera de las constituciones del llamado **constitucionalismo social**. Entre otras medidas se declaró la **función social de la propiedad**, se puso límites al **capital extranjero** y se subdividió la **tierra** en **ejidos**. Reconoció también el derecho de los **trabajadores** a agremiarse y la jornada laboral de ocho horas.

Constitución Nacional (Argentina, 1-5-1853): Ley fundamental de la **Nación Argentina**. Tras los rechazos de las Constituciones de 1819 y 1826, objetadas por las provincias, y luego de la **Batalla de Caseros**, se sancionó la **Constitución** definitiva, inspirada en la Constitución estadounidense de 1787, con espíritu **representativo**, **republicano** y **federal** y **división de poderes**. Con la sanción de la CN, culminó el período de las **guerras civiles** y comenzó la **Organización Nacional**. Sin embargo, entre 1853 y 1859 Buenos Aires se mantuvo al margen del resto de la Nación, hasta que tras la **Batalla de Pavón** forzó la unidad. Fue reformada varias veces: 1860, 1866, 1898, 1949, 1957 y 1994.

Constitucionalismo (fines del siglo XVIII →): Surgido en el marco de la confrontación con el **absolutismo** y la **Restauración**, el C tiene que ver con el sometimiento del **Estado** al **derecho**; más precisamente, está vinculado con la noción de **Estado de derecho** y con el concepto de **régimen político**: **estructuras** de autoridad, procedimientos de designación de las autoridades, **división de poderes** y ejercicio del **poder**. Sin embargo, no todo **gobierno** democrático es constitucional, ni todo gobierno constitucional es democrático. Tampoco es sinónimo de **Constitución** (al menos de **Constitución formal**): **Inglaterra** es un país fundamental en la **historia** del C y no tiene una Constitución escrita. Son pilares del C las **constituciones** de **EE.UU.** (1787), **Francia** (1791) y **España** (1812). En el plano teórico, los autores clave son **Locke** y **Montesquieu**.

Constitucionalismo clásico: Etapa del **constitucionalismo liberal**. Se inicia con el dictado de la **Constitución de Estados Unidos** de Norteamérica, en 1787, y cuatro años más tarde, de la francesa. Sus premisas centrales fueron: reconocer y conceder a los hombres derechos individuales y garantías tendientes a tutelar su ejercicio, limitar la intervención del **Estado** al manejo de las relaciones internacionales, la defensa, la salud y la **educación**, y a custodiar que los **individuos** puedan ejercer sus **derechos subjetivos**, evitando toda intromisión estatal en la **economía**. La **Constitución Nacional Argentina** de 1853 se basó en los principios del CC.

Constitucionalismo liberal: Ver **Constitucionalismo clásico**.

Constitucionalismo moderno: Ver **Constitucionalismo clásico**.

Constitucionalismo social (principios del siglo XX →): Proceso por el cual las constituciones **liberales**, dictadas hasta principios del siglo XX, fueron paulatinamente reemplazadas, en algunos **Estados**, por otras en las que ya no se consideró solamente al **hombre** en forma individual, sino también como integrante de una **sociedad**. El CS impulsó la introducción de los **derechos sociales** en las constituciones de los distintos países, destacándose como ejemplos más característicos la **Constitución mexicana de 1917** y la alemana de 1919. Con la aparición del CS, el **estado de derecho** del **constitucionalismo clásico**, dio lugar al denominado "**estado social de derecho**".

Constituyente: Ver **asamblea constituyente**.

Consuetudinario: Aquello que está referido a las **costumbres** de un **pueblo**.

Consulta popular: Mecanismo de **democracia semidirecta**, en **virtud** del cual las autoridades someten a consideración del **pueblo** diferentes cuestiones, por medio de un *referéndum* o un **plebiscito**. En la **Constitución Nacional**, a veces, la CP es obligatoria o **vinculante** –sólo convocable por el **Congreso**– y otras no lo es – puede convocarla también el **Presidente**, pero el **voto** no es obligatorio–.

Contractualismo: **Teoría política** moderna, cuya aparición está relacionada con la crisis del **Medioevo** y la **transición del feudalismo al capitalismo**, que planteó la necesidad de fundar el **poder** político sobre nuevas bases no divinas ni **sagradas** y de explicar la aparición de las **sociedades** nacionales. Desde el *iusnaturalismo*, los **contractualistas** realzaron el papel del **individuo**. Según el C, los individuos viven en un **estado de naturaleza** al que –por motivos diversos según el autor– abandonan –a través de un **contrato social**– para ponerse voluntaria y racionalmente bajo el **poder** de un **soberano**, constituyendo la **sociedad civil**. Tanto para **Hobbes**, como para **Locke** y **Rousseau**, los individuos enajenan una parte de sus derechos naturales para cederlos al soberano a cambio de la protección de otros derechos que mantienen en su poder (y que varían también se-

gún el autor de que se trate).

Contractualistas: Pensadores de los siglos XVII-XVIII (**Hobbes, Locke, Rousseau**) que explicaban el origen del **Estado** y la política a partir de la firma de un **contrato social** por parte de los **individuos**. (Ver **contractualismo**).

Contrarrevolución: Movimiento opuesto a una **revolución** y partidario de retornar al orden social y político anterior.

Contrato: Acto jurídico consistente en un acuerdo entre dos o más sujetos de **derecho**, que manifiestan su voluntad para dar nacimiento a una relación jurídica, modificar una existente o darla por finalizada.

Contrato colectivo de trabajo: Ver **convenciones colectivas de trabajo**.

Contrato social (contractualismo): Pacto voluntario y racional entre los **individuos** en **estado de naturaleza** por el que renuncian a ciertos derechos, con el fin de crear un **Estado** que establezca derechos y **obligaciones** iguales para todos. En **Hobbes**, el CS cede los derechos de todos a la voluntad de uno –que no forma parte del pacto–, mientras que en **Locke** prima la **voluntad de la mayoría** –aquí el soberano sí forma parte del pacto– y en **Rousseau**, la **voluntad general**. En este sentido, algunos autores distinguen entre un **pacto de asociación** y un **pacto de sujeción**.

Control de constitucionalidad: Conjunto de mecanismos jurídicos que procuran garantizar la aplicación de la **Constitución** de un país y la vigencia de la **doctrina de la supremacía constitucional**. Así, cuando una **norma** no se ajusta a la misma, se declara su inaplicabilidad. El CC puede ser político –a través del **Parlamento** u otro órgano, como es el caso de **Francia**- o jurisdiccional –a través del **Poder Judicial**, como es el caso de la **Argentina y EE.UU.** – Este último puede ser concentrado (si está a cargo de un órgano único, como en **España**) o difuso (si es ejercido por cualquier tribunal, como en nuestro país, según la Ciencias Naturales, artículos 31 y 116). Como antecedente de **jurisprudencia** suele citarse el **caso Marbury vs. Madison**.

Convención: Práctica o **norma** social aceptada por **costumbre**.

Convención: Pacto, acuerdo, tratado, convenio.

Convención Constituyente: Ver **asamblea constituyente**.

Convenciones colectivas de trabajo: Acuerdos entre las partes empleadora y **sindical** de carácter obligatorio para todos los **trabajadores** y empresarios de una rama determinada de la **producción**, que regula las condiciones de **empleo** y de **trabajo**.

Convenios colectivos de trabajo: Ver **convenciones colectivas de trabajo**.

Corpus: Conjunto de principios, **doctrinas** u obras de un autor, ordenados y clasificados.

Corpus Iuris Civilis: Ver **Código de Justiniano**.

Corte Internacional de Justicia de La Haya: Organismo de la **ONU** formada por 15 jueces elegidos por la **Asamblea General** y el **Consejo de Seguridad**. Actúa en los casos de conflictos entre países, quienes pueden o no pedir su intervención, pero que –una vez solicitada- tienen la obligación de acatar sus resoluciones. Vigila también el cumplimiento de los **derechos humanos**.

Corte Suprema de Justicia (Argentina, 15-1-1863 →): Cabeza del **Poder Judicial federal** de la **Nación**, intérprete final de la **Constitución Nacional** y tribunal de última instancia. Garantiza los derechos constitucionales, pero sólo interviene en las causas donde está en juego alguna cuestión judicial, pudiendo en algunos casos actuar de oficio (artículo 107 CN). La **reforma de la Constitución de 1994** amplió sus miembros de cinco a nueve. A lo largo de la **historia** de nuestro país, la CSJ ha incumplido reiteradamente sus **funciones**. Por ejemplo, el 10 de septiembre de 1930 una **acordada** de la CSJ legitimó el **golpe de Estado de 1930** que derrocara al **Presidente** constitucional, H. **Yrigoyen.**

Cortes: Denominación del **Parlamento** español. Las primeras C fueron las del reino de León en 1188; la **Constitución** de 1978 le ha dado la denominación de C generales.

Cosa juzgada: Hay CJ cuando una **sentencia** debe obligatoriamente cumplirse y ya no pueda reverse mediante la interposición de **recursos.**

Costas: Gastos que conlleva el desarrollo de un proceso judicial y que están a cargo de las partes litigantes.

Costumbre: Una de las **fuentes del derecho.** Cuando una C llega a imponerse en una **sociedad** y a ser considerada como una necesidad jurídica, se transforma en **derecho consuetudinario.**

Crímenes de guerra: Violación de las reglas y principios de **derecho internacional** establecidos por las **naciones** para manejarse en las **guerras.**

Crímenes de *Lesa Humanidad*: Desde la **Segunda Guerra Mundial,** se consi-

deran crímenes contra la Humanidad: el **genocidio,** la **esclavitud,** la deportación forzosa y diversas formas de persecución política y religiosa.

Criminalización de la protesta social (Argentina, década de 1990 →): Esta expresión surgió como consecuencia de las crecientes protestas sociales, donde sectores que se sintieron perjudicados con medidas que consideraron arbitrarias –por ejemplo, despidos tras las **privatizaciones**- implementaron medidas de **acción directa** –especialmente los cortes de ruta- siendo procesados por la justicia por la supuesta comisión de diferentes **delitos.** Así, en la **Argentina** hay más de cuatro mil procesados por participar en luchas sociales, siendo el caso de los **piqueteros** el más importante.

Cuasicontrato: Acto jurídico lícito que produce efectos similares a los **contratos,** sin que medie acuerdo de las partes.

Cuasidelito: Hecho ilícito culposo. Por ejemplo, mala praxis.

Cuatrerismo: Robo de caballos.

Cuerpo legislativo: Ver **Poder Legislativo.**

D

DD.HH.: Abreviatura de **Derechos Humanos.**

De facto: De hecho, por fuera de la **norma.** Dícese de los jefes de **Estado** o de **gobierno** que ejercen el cargo sin atenerse a la legalidad constitucional. Opuesto: **de jure.**

De iure: De **derecho.** Opuesto: **de facto.**

Deber jurídico: Negación del acto **antijurídico** o de la conducta sancionada. Cada vez que el acto antijurídico es una **acción**, el deber jurídico es una **omisión**. Ejemplo: acto ilícito: matar, DJ: no matar. Opuesto: **transgresión.**

Deber ser: Conjunto de **normas** que establecen un estado de cosas ideal. A diferencia del **ser**, que se basa en la **descripción** de hechos, del DS no tiene sentido predicar su **verdad** o falsedad, porque se trata de **prescripciones**. Siguiendo a **Hume, Kelsen** sostiene la existencia de una "abismo lógico" entre ser y DS, por el cual ningún juicio de DS puede derivarse lógicamente de las **premisas** que sólo sean juicios del ser, y a la inversa.

Debido proceso: Procedimiento judicial que establece que para que un sujeto pueda ser pasible de una condena o **pena**, es menester que antes se desarrolle un trámite procesal denominado "juicio", en el cual deben cumplirse las etapas de acusación, defensa del acusado, **prueba** y **sentencia**. Así, el artículo 18 de la **Constitución Nacional** dice que "nadie puede ser penado sin juicio previo...". También plantea: la individualidad de la defensa en juicio, que nadie puede ser juzgado ni condenado dos veces por el mismo hecho, que debe intervenir el juez natural y no un tribunal especial o alguno de los **poderes** del **Estado** distintos de la justicia, la prohibición de declarar en contra de sí mismo (sólo en **derecho penal**), etc. Esta garantía es extensible a todas las ramas del **derecho.**

Declaración de Derechos (Inglaterra, 13-2-1689): **Ley** fundamental por la cual el **Parlamento** británico puso límites a la **monarquía absoluta** de los **Estuardo** y facilitó el ascenso al trono de Guillermo de Orange, aunque con la supremacía parlamentaria. Además de impedir el **veto** real a las acciones parlamentarias, la *DD* garantizó el **derecho** a **elecciones** libres. Conocida también como *Bill of Rights.*

Declaración de Derechos de Virginia (EE.UU., 1791): Nombre de diez enmiendas realizadas a la **Constitución** norteamericana de 1787. Entre otros puntos, la *DDV* prohibió el establecimiento de una **religión** oficial, garantizó diversas libertades, otorgó el de-

recho a portar armas y garantizó el respeto a derechos no explicitados.

***Declaración de los Derechos del Hombre y del Ciudadano* (Francia, 26-8-1789):** Documento fundamental de la **Revolución Francesa**, eliminó la división de la **sociedad** en **estamentos**, proclamó la igualdad ante la **ley** de todos los hombres, las libertades individuales y públicas, la **propiedad privada** como **derecho natural** y la cooperación de todos los **ciudadanos** en la formación de la ley. Estableció también la **soberanía** de la **Nación** y de la ley como expresión de la **voluntad general**. Dictada por una **asamblea constituyente**, se convirtió en el preámbulo de la **Constitución** de 1791.

***Declaración de los Derechos del Pueblo Trabajador y Explotado* (Rusia, 3-1-1918):** Una de las primeras **leyes** surgidas de la **Revolución Rusa**, junto con los **decretos** de la paz y de la **tierra**. En este documento, redactado por **Lenin**, se proclamó la **República** de los *soviets*, se abolió la **propiedad privada** sobre la tierra, se ratificó el **control obrero** de la **producción** y la **nacionalización de la banca**, se estableció el **trabajo** general obligatorio y se decretó el armamento de los **trabajadores**. Esas medidas sirvieron de base a la **Constitución** soviética, dictada en ese mismo año.

***Declaración Universal de Derechos Humanos* (ONU, 10-12-1948):** Formulación de los **derechos humanos** fundamentales que deben ser respetados por todas las **naciones**. Entre otros, se reconocen la igualdad y libertad de todos los seres humanos sin distinción alguna, el **derecho** a la vida, a la libertad, al **trabajo**, a la vivienda, a la educación y a la salud. Son algunos de los puntos centrales: la libertad de pensamiento, de conciencia y de **religión**, la seguridad y libertad de circulación, el derecho a una nacionalidad y a tener un **juicio** justo, las libertades de opinión, reunión y expresión, el derecho a votar y ser votado, la protección contra el **desempleo**, igual **salario** por igual trabajo, derecho a formar **sindicatos**, al descanso, a vacaciones pagas y a la **cultura**, etc.

Decreto: Resolución legislativa dictada por el **Parlamento** o por el **Poder Ejecutivo**. A diferencia de la **ley**, el D es una disposición de tipo particular, limitada en sus alcances en cuanto al tiempo, lugar y personas a las que se aplica. Habitualmente, los D son utilizados por **dictaduras**, pero también han apelado a ellos los **gobiernos** constitucionales.

Decreto ley: Ley o resolución de tipo legislativo dictada por el **Poder Ejecutivo**, que reforma ciertas leyes y que necesita de una aprobación posterior del **Parlamento**. El DL se originó en

Francia, con posterioridad a la **Crisis del 30**, como un medio de enfrentar situaciones de emergencia. La **Constitución francesa de 1946** los prohibió, pero en 1958 fueron reimplantados. (Para la diferencia entre **decreto** y **ley** ver las entradas correspondientes).

Defensor del pueblo: Ver *ombudsman*.

Del espíritu de las leyes: Ver *El espíritu de las leyes.*

Delito: Acción típica (tipificada en una **norma** penal), antijurídica (contraria al orden jurídico) y culpable (reprochable a la persona que, pudiendo actuar de otro modo, no lo hizo), que tiene prevista una **sanción**. Existen muchas clasificaciones de D, entre ellas la que distingue el **D culposo**, el **D doloso** y el **D preterintencional**. Otra clasificación limita el término al hecho doloso, prefiriendo hablar de **cuasidelito** para el hecho culposo. La **historia** de la criminalística nos indica que en diferentes momentos los D y los delincuentes han sido distintos. Para la criminología **positivista**, el criminal nace criminal; Cesare Lombroso creó la frenología (estudio de la forma del cráneo) y la caracterología (análisis de los rasgos faciales) para dar con una tipología de delincuente (por ejemplo, orejas grandes y ojos desorbitados). Posteriormente surgieron otras tendencias (como el higienismo) que apuntaban a lo mismo. Con **Foucault**, en la década de 1970, se desarrolló lo que Carlo Ginzburg llamó "populismo megro": la apología del marginal.

Delito culposo: Acción delictiva ejecutada sin intención de causar el resultado producido, al que se llega por negligencia, imprudencia o impericia.

Delito doloso: Acción delictiva ejecutada con intencionalidad.

Delito preterintencional: Acción delictiva que se produce cuando un sujeto tiene la intención de obtener un resultado, pero obtiene otro –más grave- distinto al buscado. De este modo, existe **dolo** en cuanto al resultado buscado y **culpa** en cuanto al resultado logrado.

Demanda: Escrito introductorio de una instancia judicial por el cual se inicia la relación procesal. Por medio de ella, el actor individualiza la cosa demandada, narra los hechos, expone el **derecho** en que se funda y formula su petición. La D constituye el acto procesal por el cual el actor ejercita su **acción**, solicitando al juez su intervención a fin de que dicte **sentencia**, absolviendo o condenando, o constituyendo el derecho pretendido.

Deóntica: Ver **deontología**.

Deontología: Disciplina que estudia el **deber ser** y las reglas y **normas morales**. El término -propuesto por J. **Bentham**- refiere a la determinación de lo que está permitido y lo que está prohibido (**modalidades deónticas**). En la actualidad, se utiliza el término "**deóntica**." Opuesto: **ontología**.

Derecho: Ordenamiento social normativo destinado a regular la conducta humana y las relaciones de los hombres en la **sociedad**. Salvat sostiene que el D es tal en cuanto se trate de reglas cuya observación pueda ser coercitivamente impuesta a los **individuos**. Dícese también de la facultad que tiene cada sujeto para hacer lo que no está prohibido.

Derecho a la jurisdicción: Facultad de las **personas jurídicas** y de la **comunidad** para recurrir a la intervención de los tribunales judiciales, con el fin de resolver disputas y proteger derechos. También denominado derecho a la justicia o derecho a una tutela judicial efectiva.

Derecho administrativo: Rama del **Derecho público** relativa a la regulación jurídica de la actividad del **Estado**, especialmente de los **servicios públicos**; y a las relaciones de subordinación entre el Estado y los particulares.

Derecho canónico: Derecho de la **Iglesia Católica**.

Derecho civil: Rama del **Derecho privado** –tronco común de todas las ramas del derecho privado- que regula la existencia y las relaciones de las personas privadas (individuales y colectivas) entre sí o con el **Estado**, sin tomar en cuenta sus diferentes actividades y profesiones. Supone, en principio, la igualdad y libertad de las personas. **Contratos**, obligaciones, derechos reales y derecho de **familia** son sus partes principales.

Derecho comercial: Rama del **Derecho privado** que rige relaciones jurídicas especiales derivadas de los actos de comercio y de las actividades que desarrollan los comerciantes.

Derecho comparado: Estudio de las instituciones jurídicas y las legislaciones **positivas** vigentes en distintos países.

Derecho común: Ver *Common Law*.

Derecho constitucional: Rama del **Derecho público** relativa a la organización y estructura jurídica del **Estado** y a la regulación de las relaciones de los **poderes públicos** entre sí y con los particulares gobernados. Se extiende al **derecho privado**.

Derecho consuetudinario: Derecho no escrito basado en los usos y **costumbres**.

Derecho de asilo: Derecho que tienen las personas de resguardarse en otro país cuando son perseguidas en el propio.

Derecho de Ban (Europa, siglos IX-XIV): *Ban* proviene del gótico *bandw* , que significa **"signo"** o "bandera" y que se vincula con una banda o grupo de gente armada que apoya a determinados individuos. El DB reemplazó a la administración de justicia en manos del **rey** cuando las **monarquías** se debilitaron en los comienzos del **feudalismo** (ver). Hasta cierto momento, los reyes aplicaban el **derecho consuetudinario** o interpretaban textos sagrados, pero luego los **señores** adquirieron ese **poder** mediante el DB, que establecía por costumbre que quien podía recorrer un **territorio** en una jornada de cabalgata tenía derecho de cobrar multas o peajes y hasta de saquear posesiones del lugar. Para ello, el señor se valía de una suerte de **funcionarios** "ministeriales" que se quedaban con parte de los beneficios recaudados. Todo esto provocó diversas **rebeliones** contra el poder señorial, especialmente en el siglo XIV.

Derecho de gentes: Parte del **derecho positivo** que -por su mayor generalidad o proximidad con el **derecho natural**- es común a todas las legislaciones humanas (o todas la presuponen). En principio, el DG no encuentra en conflicto ni siquiera en caso de **guerra**. En uno de sus sentidos, el término ha evolucionado hacia lo que hoy se conoce como **derecho internacional**.

Derecho de incidencia colectiva: Ver **derecho difuso**.

Derecho de rebelión: Según **Locke** y **Rousseau**, **derecho** que el **contrato social** confiere al **pueblo** para destituir por medio de la violencia a un gobernante opresor, a quien se considera violador del pacto. En **Hobbes**, el DR no existe, ya que los **individuos** al firmar el contrato ceden todos sus derechos al soberano. Es un principio básico del pensamiento **liberal**, que luego fue reivindicado y ampliado por los demócratas **radicales** durante la **Revolución Francesa** y más tarde por los **socialistas**.

Derecho de resistencia: Ver **derecho de rebelión**.

Derecho del trabajo: Ver **Derecho laboral**.

Derecho difuso: Derecho de una **comunidad**, que no puede individualizarse. Por ejemplo, la protección del medio ambiente. También llamado **derecho de incidencia colectiva**.

Derecho económico: Rama del **Derecho** que estudia las relaciones económicas civiles y comerciales en sus aspectos jurídicos.

Derecho fiscal: Normas que regulan los **impuestos** de un **Estado.**

Derecho Internacional Privado: Rama del **Derecho privado** que enfoca temas diversos que interesan a las personas provenientes de distintos países.

Derecho Internacional Público: Rama del **Derecho público** que aborda las relaciones entre los distintos **Estados** considerados como personas **soberanas** dentro de la **comunidad** jurídica internacional. Su misión consiste en delimitar mediante normas especiales la esfera de actividad y los intereses de cada uno de los Estados en sus relaciones con los demás. Regula también las relaciones entre los Estados y las organizaciones internacionales.

Derecho laboral: Rama del **Derecho privado** que regula las relaciones jurídicas entre **empresarios** y **trabajadores** y de éstos con el **Estado.**

Derecho natural (Santo Tomás de Aquino): Derecho eterno e inmutable, de origen divino –aunque algunos autores plantean un DN proveniente de la **razón** humana-. Para la doctrina del DN –el *Iusnaturalismo*-, el **derecho positivo** -creado por los hombres- es imperfecto. Por encima de este derecho está el DN, absolu-

tamente justo, establecido por Dios. El derecho positivo es válido sólo en tanto se corresponda con el DN. Opuesto: derecho positivo.

Derecho objetivo: Conjunto de **normas** vigentes, de reglas impuestas a la actividad de los hombres, y a las cuales deben estar sometidos, tales como **leyes, costumbres,** resoluciones judiciales y preceptos doctrinarios. Opuesto: **derecho subjetivo.**

Derecho Penal: Rama del **Derecho público** que habilita al **Estado** a determinar y tipificar **conductas** ilícitas como **delitos.** Se aplica ante conductas contrarias al orden jurídico y origina consecuencias desfavorables para el sujeto, llamadas **sanciones.**

Derecho político: Conjunto de reglas que regulan las relaciones entre los **individuos** y el **Estado.** Algunos autores consideran que el DP tiene dos ramas: el **derecho constitucional** y la **Ciencia Política.**

Derecho positivo: Conjunto de **normas** jurídicas emanadas de autoridad competente y que ésta reconoce y aplica. Es, en otras palabras, el **derecho** que se exterioriza en las **leyes,** las **costumbres,** la **jurisprudencia** y la **doctrina,** y cuya aplicación puede ser exigida por cualquiera que tenga un interés jurídico en hacerlo. Es un derecho artificial, creado por el hombre. **Kelsen** criticó la pretensión del *iusnaturalismo* de que las leyes tengan una validez universal, ya que el derecho –según el **positivismo**- sólo es válido para un cierto conjunto de hombres o para un momento histórico determinado. Opuesto: **derecho natural**.

Derecho privado: Rama del **Derecho** que regula la relación entre particulares. Según **Kelsen**, sería la única relación verdaderamente jurídica. Ramas del DP: **Derecho civil, Derecho comercial**, Derecho de la navegación, **Derecho Internacional Privado** y **Derecho Laboral**. Opuesto: **derecho público**.

Derecho procesal: Parte del **derecho** que acompaña las ramas civil, penal y comercial, estableciendo el modo de hacer efectivas las disposiciones de las mismas, a través de precisos mecanismos. El DP estudia temas como **jurisdicción, competencia**, régimen jurídico de las partes y actos procesales.

Derecho público: Rama del **Derecho** que regula la actuación del **Estado** como **poder** público, las relaciones entre las personas jurídicamente encuadradas como pertenecientes al DP, y entre éstas y los particulares. Según **Kelsen**, relación entre dos sujetos, de los cuales uno está subordinado al otro, en una relación de dominio, cuyo caso típico es la relación entre el **Estado** y sus súbditos. Welsh lo define como el estudio de las bases constitucionales y legales que regulan la existencia e interrelaciones de las entidades políticas, así como las relaciones entre éstas y los **individuos**. Ramas del DP: **Derecho constitucional, Derecho administrativo, Derecho Internacional Público, Derecho Penal, Derecho Procesal, Derecho tributario**, financiero, o **fiscal**. Opuesto: **derecho privado**.

Derecho romano: Los romanos no tenían **leyes** escritas, hasta que durante la **República** apareció la **Ley de las Doce Tablas**. Ello inició un camino, donde aparecieron diversos ordenamientos legales (el Edicto Perpetuo de Adriano en 121, el **Derecho de Gentes**, la **jurisprudencia**, las constituciones imperiales, etc) hasta que en 530 el **Emperador** del **Sacro Imperio Romano** de Oriente, **Justiniano**, compiló todo en el Cuerpo del **Derecho civil** Romano (**digesto**). El DR reconoce tres partes: el *ius civile*, el *ius gentium* y el *ius naturale* (derecho civil, derecho de gentes y **derecho natural**, respectivamente).

Derecho subjetivo: Facultades que tienen las personas para actuar en la vida jurídica. La noción de sujeto de **derecho** o de **persona** está relacionada a la de DS: el sujeto de derecho es el titular de un DS. El **modelo** del sujeto de derecho es el propietario.

Existen DS patrimoniales y extrapatri-
moniales. Opuesto: **derecho objetivo**.

Derecho tributario: Ver **derecho fiscal**.

Derecho vigente: Conjunto de normas
jurídicas que se aplican efectivamente en un momento dado en determinado país.

Derechos cívicos: Derechos que se
ejercen con el objeto de determinar
o preparar la formación de la **opinión
pública** o la voluntad política del **Estado**, tales como el derecho a ejercer
la libertad de prensa, a peticionar a
las autoridades, a asociarse en **partidos políticos**, a reunirse y manifestar
cuando se tuviere por objeto razones
políticas, etc.

Derechos civiles: Derechos que se
ejercen en el ámbito de la convivien-
cia en **sociedad**: por ejemplo, el **derecho** de propiedad, de comerciar, tra-
bajar o ejercer toda industria lícita,
de asociarse con fines útiles, de pro-
fesar un culto religioso, de enseñar y
aprender, etc.

Derechos de segunda generación: Se
denomina así a los **derechos sociales**,
económicos y culturales reconocidos
en tratados internacionales de **derechos humanos**. Son DSG el derecho
al **trabajo**, a la vivienda, al estudio,
a la salud, etc. Para algunos autores,
el **Estado** no puede garantizarlos,

mientras que otro sector –los llama-
dos "garantistas"- opina que sí debe
hacerlo. Por ejemplo, si una persona
no tiene **dinero** para pagar medica-
mentos, el Estado se los debe proveer, por sí mismo u obligando a los
privados a hacerlo. La postura más
conservadora plantea que el **Poder
Judicial** no puede intervenir en decisiones que esta corriente califica de
políticas.

Derechos humanos: Derechos **subjetivos** individuales (civiles, políticos
y sociales) y de incidencia colectiva,
considerados universales, inalienables y absolutos. Fueron declarados
oficialmente por primera vez en la declaración francesa de 1789, y posteriormente en la **Declaración Universal
de DH** (ver). Las violaciones a los DH
más elementales han sido una constante en la **historia**, a través de **guerras**, saqueos, torturas, asesinatos,
desapariciones forzadas, etc. Pién-
sese tan sólo en hitos de la historia
como la **Inquisición**, la **colonización
española**, el **nazismo**, el **stalinismo**,
las **dictaduras** militares o las **guerras
preventivas** lanzadas por **EE.UU.** en la
actualidad, que incluyen matanzas de
poblaciones civiles, niños entre ellos.
En la **Argentina**, la inmensa mayoría
de las violaciones a los DH producidas
durante el **Proceso de Reorganización
Nacional** han quedado impunes, luego
de la sanción de las **leyes** de **Punto
Final** y **Obediencia Debida** durante el

gobierno del **radical** R. **Alfonsín** y los **indultos** decretados por el **peronista** C. **Menem**.

Derechos naturales: Derechos innatos, propios de la naturaleza humana. Por ejemplo, la vida y la libertad.

Derechos personales: Derechos vinculados a las relaciones entre las personas, y a la **obligación** de dar, hacer o no hacer algo. Es una facultad con respecto a una persona, y sólo indirectamente con la cosa. Opuesto: **derechos reales**.

Derechos personalísimos: Son aquellos derechos que tiene todo **individuo** a partir de su propia existencia: el derecho a la vida, a la intimidad y a la objeción de conciencia, a entrar, permanecer o salir del territorio y a fijar domicilio, entre otros.

Derechos políticos: Derechos que determinan la formación de la voluntad **política** del **Estado**, como el derecho a elegir o a ser elegido como autoridad **pública**.

Derechos reales: Derechos vinculados a las relaciones entre un sujeto y una cosa. El DR es un **poder** sobre la cosa, siendo la **propiedad** el ejemplo por excelencia. En el artículo 2.503 del **Código Civil** argentino se dice que son DR: el dominio y el condominio, el usufructo, el uso y la habitación,

las servidumbres activas, el derecho de hipoteca, la prenda y la anticresis. Las **acciones** reales son: la acción reivindicatoria, la acción confesoria y la acción negatoria (artículo 2.757 del Código Civil argentino). Opuesto: **derechos personales**.

Derechos sociales: Derechos vinculados con la satisfacción de las necesidades básicas de la **población**: **educación**, **trabajo**, salud, vivienda, etc. (Ver también **derechos de segunda generación, constitucionalismo social, política social, justicia social** y **Estado de Bienestar**).

Derogación: Ver **derogar**.

Derogar: Anular o revocar el efecto jurídico de una parte de una **norma** o **ley**. En este sentido, la **abrogación** se distingue de la **derogación**, ya que **abrogar** implica eliminar la eficacia jurídica del conjunto de una norma o ley, no sólo de una parte.

Desafuero: Suspensión de la inmunidad de arresto de la que goza un legislador por los **fueros** que posee, por parte de la **Cámara** a la que pertenece, con el fin de que quede a disposición del juez. En la **Constitución Nacional** está regulado por el artículo 70.

Descripción: Relato de lo que algo es, en contraposición a la **prescripción**, que habla de lo que algo debe ser.

Desobediencia civil: Doctrina que establece que –dado que el **ciudadano** está por encima del **Estado**- puede desobedecer **leyes** o decisiones de organismos estatales que considere injustas. La DC fue planteada a mediados del siglo XIX por H. Thoreau y constituyó la base de la lucha de M. **Gandhi.**

Destierro: Expulsión de una persona de un territorio. También se lo conoce como **deportación** u **ostracismo.**

Destitución popular: Ver *recall.*

Desuetudo: Costumbre que se genera en contra de la **ley** vigente (*Contra Legem*) y que, por lo tanto, intenta derogarla.

Digesto (Roma, 534): Recopilación de artículos jurídicos realizada por el **Emperador** Justiniano. También llamado **Código de Justiniano.**

Dimisión: Renuncia a un cargo antes de la extinción del plazo estipulado. En el **parlamentarismo,** la **moción de censura** lleva a la D del **gobierno.**

Distributivo: Ver **justicia distributiva.**

División de poderes: Doctrina que plantea que el **poder** estatal debe estar distribuido en tres partes, las cuales deben controlarse y equilibrarse mutuamente a partir de un **sistema** de frenos y contrapesos. La **doctrina** de la DP surgió en los siglos XVII-XVIII como reacción de los pensadores **liberales** frente al poder concentrado en la **monarquía absoluta. Montesquieu** elaboró su teoría de tres poderes –**Poder Ejecutivo, Poder Legislativo** y **Poder Judicial**- en 1748 sobre la base de los planteos de **Locke** (quien propuso tres poderes: ejecutivo (que también tenía atribuciones judiciales), legislativo y federativo (relaciones internacionales)). La DP ha generado diversos **regímenes políticos,** pero sin duda dos de ellos son los centrales: el **parlamentarismo** y el **presidencialismo.**

Doble poder: Existencia de un **poder** político paralelo al poder estatal, al que amenaza con derrocar. El DP es propio de una **situación revolucionaria,** en la que una **clase social** se propone derrocar a otra. El ejemplo clásico de DP es el de los **consejos obreros** o *soviets* de la **Revolución Rusa,** donde los **obreros, campesinos** y soldados dirigían de hecho en buena parte del país, aún antes de la toma del poder por los **bolcheviques.**

Doce Tablas: Ver **Ley de las Doce Tablas.**

Doctrina: Conjunto coherente y sistematizado de ideas.

Doctrina: Una de las **fuentes del derecho,** formada por opiniones y conclusiones emanadas de los juristas, que estudian el **derecho** vigente y luego lo explican en sus tratados, manuales y monografías. Los trabajos doctrinarios pueden recaer sobre el derecho vigente, como también puede suceder que tiendan a crear nuevas soluciones legales, ya sea mejorando, las existentes, o cubriendo **hipótesis** no contempladas en la **ley.**

Doctrina de la supremacía constitucional: Doctrina que establece la superioridad de la **Constitución Nacional** de un **Estado** por sobre cualquier otra **norma.** La DSC sostiene que la Constitución es una norma superior a la que debe subordinarse todo el ordenamiento jurídico del Estado. La Constitución representa el nivel máximo dentro del **derecho** de un país, por lo que también se la llama la **"ley de leyes".** Todas las normas jurídicas de inferior jerarquía –tratados, leyes del **Congreso,** decretos del **Poder Ejecutivo,** resoluciones ministeriales, sentencias, etc.- tienen su fundamento último en la Constitución, que a su vez les sirve de fuente de creación. En nuestra Constitución la SC está regulada por los artículos 31 y 75, inciso 22. Como antecedente de **jurisprudencia** suele citarse el **caso Marbury vs. Madison.**

Dogma: Posición filosófico-teológica que sostiene la certeza absoluta de sus **conocimientos,** basados en prin-

cipios supuestamente incuestionables e **irrefutables.** El creyente de un D debe aceptarlo aunque no lo comprenda y será considerado pecador o hereje en caso de no hacerlo.

Dogmática jurídica: Ver **formalismo jurídico.**

Dolo: Voluntad de un sujeto para realizar una **conducta** típicamente antijurídica. A diferencia de la **culpa,** lo decisivo en el D es la intencionalidad y no los efectos resultantes de una conducta. Puede ser directo (el autor busca un resultado antijurídico), indirecto (el autor sabe que su conducta provocará determinada consecuencia no buscada pero dañosa, no obstante lo cual sigue adelante) o eventual (el autor ve el hecho como un riesgo, y sin embargo no deja de actuar).

Doloso: Conducta intencional fraudulenta, engañosa e ilícita. Opuesto: **culposo.**

Domicilio: Atributo de la personalidad o asiento jurídico de la **persona;** o sea, el lugar donde la **ley** presume que ha de estar para hacer frente a sus **obligaciones,** sin importar que viva o no allí. Características: legal, necesario, único e inviolable. Hay un D de origen y un D especial (con cuatro tipos: procesal, de elección, de las sucursales y comercial).

Dominación: Existencia de una relación de desigualdad entre dos o más sujetos, por la cual uno de ellos obedece al otro. En este sentido, la D sería la suma del **poder** y la **influencia. Weber** definió a la D como la probabilidad de que un mandato con contenido determinado sea obedecido por un conjunto de personas. Se puede obedecer a algo o alguien por **costumbre,** por conveniencia, por convencimiento o por muchos otros **motivos.** En este sentido, Weber propuso los **tipos de dominación.** La **política** –sostiene Weber- es también el arte de lograr ser obedecido. Para **Marx,** la dominación se basa en razones materiales: la **propiedad privada de los medios de producción:** la **clase** propietaria explota y domina a la clase no propietaria.

Dominio: Territorio que un **Estado** o un soberano tiene bajo su **dominación.**

Dos tratados del gobierno civil: Ver *Ensayo sobre el gobierno civil.*

Draconiano: Proveniente del legislador de Atenas Dracón, es D toda **ley** severa.

E

El contrato social (Jean J. Rousseau, 1762): Rousseau abandonó la idea del hombre malo de **Hobbes** y el individualismo de **Locke,** para hablar de la **"voluntad general"** buscando achicar las desigualdades de su país (una **sociedad** como la francesa, basada en las desigualdades sociales, era contraria a la naturaleza humana y a la libertad). Rousseau vio a un hombre naturalmente bueno, pero que se pervierte cuando entra en la sociedad a través del **contrato social.** Para él, la sociedad supera la simple suma de **individuos** para formar una realidad propia. El egoísmo y la guerra pertenecen a la sociedad y no al **estado de naturaleza.** La sociedad no surge de un contrato basado en los intereses individuales, sino que es un vínculo entre **ciudadanos.** El hombre nace libre (estado de naturaleza) pero vive encadenado (**sociedad**), porque es en la sociedad donde aparece la **propiedad,** que es el origen de todos los males. Esta idea hace que Rousseau sea el teórico burgués más polémico para la propia **burguesía.** Los derechos a la libertad, la igualdad y la propiedad no son naturales -como en Locke- sino derechos de los **ciudadanos.** Su objetivo era subordinar los intereses particulares a la voluntad general, en una sociedad más solidaria. La única obediencia legítima –según Rousseau- es a las leyes que surgen de esa voluntad general, perteneciendo la **soberanía** al **pueblo** como cuerpo social. Su teoría representaba a la burguesía frente a la **aristocracia**, pero con una idea más democrática que la de Locke -que era más elitista- ya que para éste la democracia sólo era para los propietarios.

El espíritu de las leyes (Charles L. Montesquieu, 1748): Libro que describe la teoría de la **división de poderes: Poder ejecutivo, Poder Legislativo y Poder Judicial,** y su equilibrio recíproco. Fue la base del **liberalismo político** y de la lucha contra el **despotismo** de las **monarquías** de la época. Confiando en leyes naturales universales y en la utilidad de la razón, Montesquieu veía a las leyes del desarrollo de la **sociedad** como si fueran relaciones naturales. Tomando a **Locke,** creó una teoría de las limitaciones de los poderes para proteger al **individuo** frente al poder público. Sin embargo, abandonó la idea del **contrato social,** reemplazándola por un proyecto para el estudio del **gobierno** en base a la comparación de **instituciones.** Montesquieu quería enfrentar a la **monarquía absoluta** a la que consideraba un peligro para **Francia,** analizando los medios para preservar la libertad a través de una **Constitución.**

El Estado y la revolución (V. I. Lenin, 1917): Obra escrita por **Lenin** en las vísperas del triunfo de la **Revolución Rusa.** En ella, desarrolló las bases prácticas de la **dictadura del proletariado,** denunciando lo que entendía como el carácter fraudulento de la **democracia burguesa** y exponiendo las condiciones de la extinción del **Estado** y toda forma de opresión.

El Federalista (Alexander Hamilton, James Madison y John Jay, 1787): Conjunto de artículos que constituyeron una de las bases ideológicas de la **Constitución de EE.UU.** Así, Hamilton sostuvo la necesidad de un **Poder Ejecutivo** fuerte y un **Estado federal,** para unificar al país y combatir la **anarquía.** En este sentido, *EF* recibió críticas: T. Jefferson era partidario de un **gobierno** menos centralizado, al igual que Alexis de **Tocqueville.**

El Príncipe (Nicolás Maquiavelo, 1513): Obra fundamental de **Maquiavelo,** en la que justificó teóricamente la concentración del **poder** político en el monarca, para superar la atomización propia de la **estructura feudal.** En *EP,* Maquiavelo dio consejos a los gobernantes de Florencia (los Médici) para lograr la unidad de **Italia,** país que estaba fragmentado en pequeñas **ciudades-Estado** independientes, y que por eso se veía perjudicada ante la unidad de sus vecinos (**Francia, Inglaterra,** etc). Maquiavelo analizó los modos de conquistar y mantener el poder, con la idea de consolidar al **Estado** –el Príncipe-. Para ello, planteaba revalorizar lo terrenal y lo humano, tanto tiempo subordinado a Dios. El hombre podía ahora cambiar las cosas y ser distinto. La **política** debía ser una actividad humana y la **sociedad** debería ser ordenada por el Estado.

Embargo: El término tiene varias acepciones: 1- en **comercio internacional**, prohibición de importar determinado producto (por ejemplo, por motivos sanitarios), 2- prohibición de que barcos o aviones de un país extranjero circulen en puertos y aeropuertos de un país, 3- bloqueo comercial sobre **mercancías** vitales destinadas a países enemigos, 4- apropiación de **bienes** de otro país con motivo del incumplimiento de deudas, 5- retención judicial de bienes.

Enajenación: Venta, transmisión de derechos sobre una cosa.

Enmienda: (Del latín *enmendase*, "corregir las faltas"). Propuesta de reemplazo de un proyecto, informe o dictamen. En **EE.UU.** y otros países, E es sinónimo de E constitucional, es decir que se identifica con una reforma de la **Constitución**, que se realiza por medio de una **asamblea constituyente** convocada a tal efecto. Desde el punto de vista jurídico se llama E a la rectificación por escrito de un error que se salva al final de un texto.

Ensayo sobre el gobierno civil (John Locke, 1690): **Locke** es el teórico del

liberalismo y su **teoría** se vincula con la **Revolución de 1688**. Locke partió de un **estado de naturaleza** racional (para **Hobbes** era irracional), donde no había una **guerra de todos contra todos** sino asistencia mutua. Considera que los hombres tienen derechos innatos naturales e inviolables, en particular la **propiedad privada**. Con el **contrato social**, el hombre conserva sus derechos y puede invocarlos ante el gobernante, quien puede ser revocado por el **pueblo**. El **individuo** es más importante que el **Estado**, el que sólo es un garante de los derechos de aquél. Su obra representó los intereses de la **burguesía capitalista** que requería garantías para sus propiedades y libertad de **producción** y **comercio**. Su **modelo** político limitaba la **democracia** a la participación de los propietarios (cuando Locke habla de "**individuos**" se refiere a los propietarios y no a cualquiera).

Equilibrio de poderes (Montesquieu): División de las facultades decisionales de un **Estado** entre los tres poderes: el **Poder Ejecutivo**, el **Poder Legislativo** y el **Poder Judicial**, y establecimiento entre ellos de un **sistema** de contrapesos y controles mutuos. **Montesquieu** pergeñó su teoría del EDP en "**El espíritu de las leyes**", con el fin de combatir al **despotismo**.

Escuela de la Exégesis (Francia, 1804 →): Corriente jurídica surgida con la legislación napoleónica, en particular con el Código Civil francés, cristalización en normas de la **Revolución Francesa**. La EE buscó hacer accesible el **derecho** a todos los **ciudadanos**. Se apoya en la teoría de que el derecho es la "letra de la ley", en una concepción **positivista** ingenua. La EE ve al derecho como un hecho empírico, observable.

Escuela del Derecho Natural: Corriente jurídico-filosófica fundada por **Grocio** y continuada por **Puffendorf**, que separó al **derecho natural** del **derecho positivo** y a la **teología** del pensamiento racional, planteando que las **leyes** son el resultado de la creación racional humana.

Escuela Histórica del Derecho (Alemania, siglo XIX): Corriente jurídica que criticó las concepciones *iusnaturalistas* y se centró en la historia del **derecho positivo** y sus raíces en el **pueblo**. Su principal representante fue F. C. von **Savigny**, quien analizó especialmente al **Derecho Romano**.

Estado: La **Ciencia Política** actual define al E como a la **organización** que impone y obtiene acatamiento de la **población** valiéndose del **poder** o **coerción** y de la **autoridad** o **legitimidad**. Se plantea que el E es el ordenador de la **sociedad**, encargado de regular los conflictos sociales provocados por el choque de intereses, valores y **costumbres**. El E expresa -o pretende expresar- a la vez el interés general de la sociedad y el de un **grupo** dominante. Para los griegos (**Sócrates**, **Platón**, **Aristóteles**) el E es el lugar de lo público, la *Polis*. Puede decirse que en la **Edad Media** no existió el E: todas sus funciones típicas estaban repartidas entre la **Iglesia**, la **nobleza**, los caballeros y otros grupos privilegiados. Como plantea Heller, los orígenes del **E moderno** se ubican en las ciudades-repúblicas italianas del **Renacimiento**. Es allí donde se unificaron y concentraron en el E los ejércitos, la administración, las **leyes**, las atribuciones económicas y la obediencia general. Así, el pasaje al E moderno consistió en un **proceso** por el que los medios de administración y autoridad -que eran posesión privada- se convirtieron en propiedad **pública**, en favor del monarca absoluto primero y luego del E en sí: poder militar, justicia, administración, comunicaciones, **moneda**, **impuestos**, etc. Para **Maquiavelo**, *stato* es la organización **política** de un país. Para los **contractualistas** (**Hobbes, Locke, Rousseau**), el E es el resultado del **contrato social** entre los **individuos**. Para el **liberalismo**, el árbitro imparcial entre los individuos iguales. Para **Hegel**, el E es la superación dialéctica de lo particular y lo universal, la realización de la libertad humana. Para el **marxismo**, se trata de un instrumento de la **clase domi-**

nante (propietaria) en la **producción** para oprimir a la mayoría. Es decir que, en oposición a las visiones liberales, cristianas y **contractualistas**, el E no es neutral sino una herramienta de opresión de clase. Para **Marx** y **Engels**, el E es un producto del desarrollo histórico asociado al surgimiento de la **división del trabajo**, el **excedente**, la **propiedad privada** y la consiguiente formación de **clases sociales** antagónicas. Su esencia es la existencia de una fuerza armada especial para que la **sociedad** produzca según la necesidad de la clase dominante, fuerza que aparece colocada por encima de la sociedad y se divorcia de ella cada vez más. Cada E que ha existido en la **historia** está determinado por el **modo de producción** del que surgió y es un instrumento de la clase dominante en ese modo de producción. Toda clase propietaria necesita de un cuerpo armado especial, **instituciones**, **leyes** e ideas para defender su privilegio. De todos modos, si bien todo E expresa el interés fundamental de la clase dominante también expresa, al menos parcialmente, intereses de las clases dominadas (como lo planteara **Gramsci** a partir de su **concepto de hegemonía**). Para **Weber**, el E es aquel instituto político de actividad ininterrumpida, donde su **cuadro administrativo** posee el **monopolio legítimo** del uso de la violencia física. Desde un punto de vista jurídico, la

mayoría de los autores sostienen que el objetivo central del E es el **bien común**. **Kelsen** considera al E como la representación metafórica de la totalidad del orden jurídico. Jellinek, por su parte, plantea que los elementos constitutivos del E son la **población**, el **territorio** y el **poder**, aunque otros autores agregan el **gobierno** y el **derecho**. Según O´Donnell, el E no es sólo un conjunto de **aparatos** o **instituciones**, sino el conjunto de relaciones de **dominación** "política" que colaboran en la reproducción de determinada organización de las clases en una sociedad. Por su parte, Oscar Oszlak plantea que, para que exista un E, se necesitan ciertos requisitos a los que denomina **"atributos de la estatidad"** (ver). Hay diversas **teorías** sobre el origen del E: Wittfogel defiende la "hipótesis hidráulica": el control del agua y el riego otorgó gran poder a ciertos grupos sobre los agricultores, en lo que se conoció como **"despotismo oriental"** (y que Marx describió en el **"modo de producción asiático"**). Carneiro plantea la idea de "circunscripción social": el factor inicial sería la competencia por la **tierra** a partir del crecimiento de la población, lo que habría derivado sucesivamente en **guerras**, conquistas de territorios, los primeros jefes, las primeras unidades comunales y, al fin, en la formación del E. Service distingue "niveles de integración socio-cultural": **banda**, **tribu**, jefatura y

E. El jefe controla un determinado territorio y distribuye excedentes, asegurando la **cohesión** grupal y logrando movilizar a las **masas** como **fuerza de trabajo** o militar. Un E puede administrarse bajo diversas formas de **regímen político** y gobierno (ver ambas entradas).

Estado: Posición jurídica o *"status familiae"* de la **persona** dentro de la **sociedad**, especialmente en el **grupo** familiar (estado civil).

Estado civil (contractualismo): Estado político que surge por un acuerdo voluntario y racional de los hombres para remediar los conflictos del **estado de naturaleza**.

Estado civil: Situación jurídica de las personas en relación con sus derechos y **obligaciones** civiles. El EC está determinado por el nacimiento, el sexo, la **familia**, la edad y la nacionalidad.

Estado constitucional: Estado regido por una **Constitución**, sea ésta escrita o basada en costumbres –como es el caso de **Inglaterra**-. También se lo utiliza como sinónimo de **estado de derecho**.

Estado de derecho (fines del siglo XIX →): Doctrina que plantea un tipo de **Estado** donde el **poder** de los gobernantes está limitado por el acatamiento a las **leyes**.

Estado de emergencia: Ver **Estado de excepción**.

Estado de excepción: Estado de necesidad o **emergencia,** por el que los gobernantes a cargo de un **Estado** consideran imprescindible suspender temporalmente el ordenamiento jurídico de un país –en particular los derechos constitucionales- con el fin de hacer frente a una grave amenaza (**guerra, terrorismo,** catástrofes, etc).

Estado de naturaleza (contractualismo): Situación pre-política, donde los **individuos** no se guían por **leyes** ni autoridades comunes. Según cada autor, el EN puede ser de **guerra de todos contra todos (Hobbes),** de paz **(Locke)** o de soledad **(Rousseau).** El EN expira cuando los **individuos** acuerdan entre sí para constituir la **sociedad** a partir de un **contrato social.**

Estado de necesidad: Ver **Estado de excepción.**

Estado de sitio: Medida de excepción que implica la suspensión de las garantías constitucionales, que sólo se implementa en casos de **conmoción interna** o de agresión externa, con el fin de proteger al orden constitucional y sus autoridades. Durante la suspensión de las garantías, no se pueden realizar reuniones públicas y le está permitido al **Estado** realizar detenciones preventivas. El **Presidente** no puede condenar ni aplicar penas. En nuestra **Constitución** el ES está contemplado en el artículo 23.

Estado federal: Estado formado por un conjunto de Estados federados y autónomos.

Estado moderno (siglo XV →): Organización **política** donde el **poder** está centralizado territorialmente en manos de un **soberano**, quien obtiene el reconocimiento externo de sus facultades y la obediencia de los **ciudadanos** en base a la **ley**, contando además con el apoyo de una **burocracia de funcionarios** y la monopolización del los **ejércitos** y el cobro de los **impuestos**. Mientras que para **Marx** el EM tiene su base en la **expropiación de los medios de producción**, para **Weber** el centro está puesto en el momento histórico de la separación de los medios materiales de **coacción** (las armas) de manos de los **nobles** y la consiguiente creación del aparato burocrático del Estado. En este sentido, el EM es una **asociación política** –es decir una asociación que se especializa en el ejercicio del poder y de la **dominación**– de base territorial y cuyo **cuadro administrativo**-burocrático ejerce el **monopolio legítimo** del uso de la violencia. La fuerza es el medio específico del Estado, y desde la constitución del EM, éste es el único autorizado legítimamente para hacer uso de ella. Históricamente, el EM se conformó cuando las **monarquías** feudales de **España**, Portugal, **Inglaterra** y **Francia** pasaron a ser monarquías nacionales, apropiándose de viejos privilegios en manos de la **nobleza**, el **clero** y las **corporaciones**. Para algunos autores, el EM se identifica sin más con el **Estado**, ya que consideran a otras formas políticas del pasado (por ejemplo, el Estado de la **Roma** antigua) como pseudo Estados.

Estado-Nación (fines del siglo XVIII →): Concepto surgido en la **Revolución Francesa** que plantea la unidad de las **clases sociales** por encima de los intereses particulares y los privilegios estamentales del **feudalismo**. La segunda mitad del siglo XIX fue el de la formación de los EN en Europa y otros continentes. Así, se procuró centralizar el **gobierno**, el **territorio**, la **moneda**, el ejército, la educación y otras atribuciones en manos del **Estado**, mientras se buscaba fortalecer un **mercado interno**. En **Alemania**, **Italia** y otros países, el proceso de formación del EN produjo **guerras**, como la **Guerra de Crimea** y la **Guerra Franco-Prusiana**.

Estado nacional: Según plantean algunos autores, como Oscar Oszlak, para que exista un EN deben darse un serie de condiciones: 1) **sobera-**

nía, o capacidad de manifestar su **poder** frente a otros Estados, 2) **autoridad**, o **monopolio legítimo** del uso de la fuerza, 3) institucionalidad, o creación de **instituciones** públicas, y 4) identidad colectiva, o la capacidad de internalizar en los miembros de la sociedad ciertos símbolos que refuerzan los sentimientos de pertenencia y, por ende, la dominación por medio de la **ideología**. Además, hacen falta condiciones materiales que posibiliten la expansión e integración del espacio económico, es decir la formación de un **mercado**, el cual va definiendo un ámbito territorial determinado, dando al Estado un fundamento material, que le brinda un carácter nacional. (Ver también **atributos de la estatidad**).

Ethos: (Del griego antiguo, "carácter moral"). Forma de vida (**costumbres, normas**, actitudes, ideas, **valores** y **conductas**) de un **individuo** o de un **grupo** social. Por extensión, también se hace referencia al E como la **lógica** utilizada por los científicos.

Ética: (Del griego *ethos*, que significa "carácter"). Parte de la **filosofía** que trata de determinar el **sentido** y las **normas** del obrar del hombre. La tarea de la E es investigar cuál es la **causa** social por la cual determinados sentimientos, acciones y **conocimientos** se consideran buenos o valiosos. De todos modos, algunos autores establecen una clara delimitación entre E y **moral**: la E refiere, según esta visión, a un deber que un **individuo** se impone a sí mismo. La moral, en cambio, alude a la presión social por imponer determinados **valores** y **costumbres** a los **individuos**.

Ex ante: Locución latina que significa "de antemano".

Ex nihilo: Locución latina que significa "de la nada".

Ex post facto: Locución latina que significa "posterior al hecho".

Ex profeso: Voz latina que significa "intencionalmente", "en forma deliberada".

Exégesis: Explicación, interpretación. En especial, refiere a la disciplina que se encarga de la interpretación de Libros Sagrados (por ejemplo, de la **Biblia**).

Exégeta: Intérprete de un texto.

Exhorto: Escrito que un juez envía a otro para que aplique lo que se le pidió.

Expatriación: Deportación o expulsión de personas de un país.

Expropiación: Compra compulsiva que el **Estado** le hace a un tercero.

En nuestra **Constitución**, la E se debe hacer mediante **ley** que declare de **utilidad pública** al **bien** a expropiar y establezca el monto de la **indemnización**. Precisamente la existencia de una indemnización es lo que diferencia a la E de la **confiscación**.

Externalidad: Efecto secundario que una actividad económica provoca sobre otra. Por ejemplo, cuando la construcción de un dique desvía el agua, inundando campos cultivados, tenemos una E negativa. En cambio, cuando un comerciante se beneficia por el desvío de tránsito causado por una obra **pública**, tenemos una E positiva.

Extradición: Entrega de un detenido por las autoridades de un país a la Justicia de otro que lo reclama para juzgarlo. La E no es obligatoria excepto que existan tratados explícitos entre dos **Estados**.

Extraterritorialidad: Privilegio por el que ciertas personas que residen en otro país no deben someterse a sus **leyes**. Principio jurídico del **Derecho Internacional Público** que establece que los diplomáticos y las **embajadas** extranjeras se consideran no pertenecientes al **territorio** del país en el que están situados físicamente. Así, a las embajadas y viviendas de los embajadores no pueden ingresar ni la policía ni la Justicia del **Estado**. Estas características llevan a que muchos **disidentes** políticos pidan **asilo** en las embajadas.

F

Fáctico: Perteneciente o relativo a los hechos.

Facto: Ver **de facto**.

Facultad: Atribución, **poder** o capacidad para hacer algo.

Facultades extraordinarias: Exceso en las atribuciones de un **poder** del **Estado**. Nuestra **Constitución** las prohíbe en su artículo 29 porque agreden al **equilibrio de poderes**.

Facultativo: Optativo, no obligatorio.

Falacia: Método incorrecto de **razonamiento, razonamiento inválido**. Tipo de argumentación incorrecta, pero que, a simple vista, parece correcta. Hay **F formales** (**estructura** incorrecta) y **F no formales** (F **semánticas** o por el contenido). Algunos autores equiparan al término "**sofisma**" con el de F. En términos vulgares, idea falsa o equivocada.

Falacia de afirmación del consecuente: Razonamiento inválido que se produce cuando -dada una **premisa con**-

dicional y afirmando el **consecuente** de dicho condicional en la segunda premisa- se afirma el **antecedente** como **conclusión**. Por ejemplo: "Si los átomos están formados por neutrones, electrones y protones, entonces, no son las partículas físicas más pequeñas (premisa condicional). Los átomos no son las partículas más pequeñas (segunda premisa: afirmación del consecuente). Por lo tanto, están formados por neutrones, electrones y protones (conclusión que afirma el antecedente)". Su **forma lógica** es: p → q, q, p.

Falacia de negación del antecedente: **Razonamiento inválido** que se produce cuando -dada una **premisa condicional** y negando el antecedente de dicho condicional en la segunda premisa- se niega el **consecuente** como **conclusión**. Por ejemplo: Si cruzo con el semáforo en rojo, entonces me pisa un auto (premisa condicional). No cruzo el semáforo en rojo (segunda premisa: negación del antecedente). Por lo tanto, no me pisa un auto (conclusión que niega el consecuente). Su **forma lógica** es: p → q, ¬p, ¬q.

Falacias de ambigüedad: **Falacias no formales** ocasionadas porque se produce una confusión debido a la utilización de términos o frases con más de un **significado**. Las más conocidas son el **equívoco**, la **composición**, la **división**, la **anfibología** y el **énfasis**.

Falacias de atinencia: **Falacias no formales** en que las **premisas** de los **razonamientos** carecen de **atinencia lógica** con respecto a sus **conclusiones**, y por ende, son incapaces de establecer la **verdad** de las mismas.

Falacias formales: **Falacias** cuya falla está en la forma del **razonamiento**, cuando su forma es inválida. Parecen válidas porque sus **premisas y conclusión** son verdaderas; pero el error es tomar la **verdad** de las **proposiciones** como garantía de la **validez** del razonamiento. Pero si abstraemos la **forma lógica**, siempre será posible encontrar una nueva **interpretación** que tenga premisas verdaderas y conclusión falsa. Las FF más conocidas son la **falacia de afirmación del consecuente** y la **falacia de negación del antecedente**.

Falacias no formales: **Falacias** no centradas en la **forma lógica** sino en su uso cotidiano. Son psicológicamente persuasivas y son usadas para convencer a otros de aceptar una determinada **conclusión**. Hay dos tipos: **falacias de atinencia** y **falacias de ambigüedad**.

Fallo: Parte de la **sentencia** en la que se condena o absuelve de la **demanda** a la parte imputada. **Veredicto**.

Fallos plenarios: **Sentencias** obligatorias dictadas por las **Cámaras de Ape-**

laciones, con el objeto de unificar las decisiones de los tribunales de **primera instancia** y de las salas de la misma Cámara.

Federación: Unión voluntaria de varios Estados o provincias, que se someten a una autoridad común centralizada o **Estado** común, en el que delegan atribuciones sin perder su **autonomía.** Así, las entidades de una F forman parte de un todo nacional. Ejemplos de F: **EE.UU.,** Canadá, **Alemania,** Suiza y Australia. Opuesto: **confederación.**

Federalismo: Forma de **organización política** de **federación** voluntaria de **Estados,** donde el **gobierno** y el **poder** se descentralizan territorialmente, coexistiendo un Estado central y Estados locales autónomos (provincias, **municipios, cantones,** etc). Aunque la **Constitución** argentina adopta el F, la práctica dista de acercarse a éste. Opuesto: **unitarismo.**

Fideicomiso: Tipo de **contrato** mediante el cual el **fiduciario** administra fondos de terceros a favor de un conjunto de beneficiarios previamente determinados en el acuerdo. En **derecho internacional público** aplícase también a la situación jurídica por la que un país o **territorio** (fideicomitido) considerado no apto para autogobernarse, es confiado a la tutela y administración de un **Estado** soberano (fideicomisario), bajo control de la **ONU.**

Fiduciario: Que depende de la confianza o el **crédito** que genere. Dícese también de las **monedas** no convertibles y sin respaldo en oro.

Fiscal: Funcionario de los Tribunales que representa al **Estado.** Ejerce la acusación en las **causas** penales.

Formalismo jurídico: Postura que –en base a una **lógica deductiva**- sostiene que el **derecho** es un **sistema** de **normas** coherente, completo y preciso, del que pueden deducirse soluciones para todos los casos posibles. Su principal impulsor es Sebastián Soler. Su rama más importante es la del dogmatismo jurídico. Opuesto: **realismo jurídico.**

Formalización: Reemplazo de **términos** y **enunciados** pertenecientes a una **teoría** científica o a un **razonamiento,** por **fórmulas** y **signos** que sólo expresan la **estructura** de la **proposición** o aquellos aspectos puramente estructurales y **sintácticos,** desprovistos de contenidos o **significados.** Un conjunto de fórmulas de un **lenguaje artificial** que representan proposiciones del **lenguaje natural** es la F de estas proposiciones. Un **sistema axiomático** está formalizado si su lenguaje es artificial.

Foucault, Michel (1926-1984): Filósofo francés. Desarrolló estudios en campos diversos como el **poder**, la locura, la **sexualidad**, las prisiones (sostuvo que la **sociedad** se basa en el **modelo** carcelario del **panóptico**), etc, introduciendo **conceptos** novedosos en áreas como la **Ciencia Política** y la **Historia**. Influido por **Nietzsche**, sostuvo que la **verdad** no existe, sino que es definida en cada época estableciendo un **discurso** dominante que produce ciertos **saberes** y ciertas relaciones de poder, las cuales permiten pasar del castigo a la vigilancia, de ésta a la **disciplina** y finalmente a la auto-disciplina. Aunque se lo ubica dentro del **estructuralismo** por el énfasis que pone en subordinar al **individuo** a las determinaciones de las "redes del poder", su énfasis en el desarrollo histórico de esas redes y relaciones invitan a ser más cautos. Sí es claro su distanciamiento del **humanismo** de **Sartre**: Foucault no ve como éste la posibilidad de que el individuo pueda liberarse de las cadenas que lo atan; puede resistir, sí, pero la resistencia también está prevista por el **sistema de dominación**. El acento de su **teoría** no está en el hombre sino en las cosas que lo oprimen y condicionan. Entre sus obras principales encontramos a: *Vigilar y castigar. El nacimiento de la prisión* (1965), *Las palabras y las cosas* (1966), *La verdad y las formas jurídicas* (1976) y *La microfísica del poder* (1978).

Fuentes del derecho: Materiales en los que se apoya un juez para aplicar la **ley**. Son FD la ley, la **costumbre**, la **jurisprudencia**, la **doctrina** y los **principios generales del derecho**. Existen **fuentes formales** y **fuentes materiales**.

Fuentes formales: Factores que influyen en la formación de las **normas jurídicas**. Por ejemplo, son FF la **ley**, la **costumbre** y las convenciones colectivas.

Fuentes materiales: Factores que influyen en la formación de las **normas jurídicas**. Por ejemplo, son FM la **jurisprudencia**, la **doctrina**, la equidad y el **derecho** comparado.

Fuero: Materia del **derecho** sobre la que debe entender un juez. Por ejemplo, F penal, laboral, civil, etc.

Fueros: Privilegios de los que gozan legalmente determinados **individuos** de un **territorio**.

Fueros parlamentarios: Inmunidad que tienen los legisladores, cuya finalidad es mantener la independencia del cuerpo legislativo. La **Constitución** prevé mecanismos para quitar los FP y hasta para expulsar a alguno de sus miembros. (Ver también **inmunidad parlamentaria** e **inviolabilidad parlamentaria**).

Fungible: Cosa que puede ser reemplazada por otra de la misma especie y calidad.

G

Glosadores (siglos XII-XIII): Comentaristas medievales del **Derecho Romano** compilado por **Justiniano** (Código, **Digesto** e Instituciones). Los G pertenecían a la Escuela de Bolonia.

Gnoseología: (Del griego *gnosis* = conocimiento). **Teoría del conocimiento,** disciplina filosófica dedicada a dilucidar lo que el **conocimiento** es propiamente en cuanto relación peculiar de un **sujeto** con un **objeto.** Se ocupa de qué es el conocimiento, pero no exclusivamente del **conocimiento científico,** como es el caso de la **epistemología.**

Gobierno: El término proviene de la palabra griega *kybernao*, "dirigir el timón". Cabeza de la administración **política** del **Estado.** Así, el G es el timonel de la nave, la **función** identificadora de la actividad política, su núcleo. La función principal del G es adoptar decisiones políticas, obligatorias para toda la **sociedad** bajo amenaza del uso de la violencia estatal física, legítima y monopólica. Desde este punto de vista, el G es el que decide y la **burocracia** o administración es la que ejecuta. Para una visión **funcionalista,** el G incluye a las **estructuras** de toma de decisión, lo que implica incluir a los poderes ejecutivo y legislativo. Es el G "en sentido amplio", de aquellos a los que se les confía el ejercicio, administración y control del **poder** político. Desde esta postura, **Poder Ejecutivo, Parlamento,** jueces y hasta burocracia forman parte del G. En otra visión, hay un órgano especial de toma de decisiones: el Poder Ejecutivo, el "G en sentido estricto". Para Urbani, el G implica un conjunto de **instituciones,** mientras que para Easton es un conjunto de conductas interrelacionadas y para Morlino es una parte del **régimen político.** El **marxismo** ve al G como al conjunto del personal político-estatal que expresa los intereses de la **clase dominante** y cuya función es garantizar las condiciones generales que permitan a esta clase seguir dominando en las **relaciones de producción** existentes, esto independientemente de la manera en que ese G haya accedido al poder. Así, en el G están los que detentan el poder político, siendo el régimen político el modo en que se accede y se conserva el G y el Estado el poder político en sí mismo.

Golpe de Estado: Toma del **poder** político y recambio del **gobierno** por medios no previstos legalmente, por lo general por la fuerza. En América Latina, la mayoría de los GDE han sido golpes militares, vinculados con intereses económicos extranjeros y de una minoría nativa propietaria.

Gravamen: Impuesto.

Gravar: Cobrar un **impuesto** o **gravamen**.

Grocio, Hugo (1583-1645): Teólogo **católico** y escritor holandés, defensor del *iusnaturalismo* y la **teoría del contrato social**. Se lo considera además, el fundador del **Derecho Internacional**. Entre sus obras principales encontramos a: *El derecho en la guerra y en la paz* (1625).

H

Hábeas corpus: Especie de la **acción de amparo** en **virtud** de la cual un **individuo** solicita a un juez que dé protección a su libertad física, cuando ésta haya sido lesionada, restringida, alterada o amenazada. Por ello, se afirma que el HC es una garantía protectora de la libertad ambulatoria de las **personas físicas**. También se aplica para los casos de una protección contra condiciones abusivas de detención y cuando se supone una desaparición forzada de personas. En la **Constitución Nacional** fue incorporado con la **reforma de 1994**, figurando en el artículo 43. Su origen se encuentra en la **Carta Magna** inglesa de 1215.

Hábeas data: **Acción** procesal (garantía) que todo **individuo** puede interponer para acceder a los datos personales que figuran en archivos **públicos** y privados, verificar su veracidad y controlar su publicidad. A través del HD, el solicitante puede pedir a un juez que ordene a entes públicos o privados -cuyo fin sea proveer informes- para que: a) informe al requirente acerca de datos que sobre él posean, b) imponga la finalidad de su guarda o tenencia y, c) eventualmente, los obligue a modificarlos, eliminarlos o actualizarlos, si es que resultaren ser falsos, incompletos o desactualizados. Es una especie de la **acción de amparo**, pero tiende a "proteger la intimidad y buena imagen de las personas". Un ejemplo sería el de una persona cuyos datos vinculados a su solvencia económica figuran en los informes Veraz. Se trata de una garantía nueva en el **derecho** argentino incorporada por la **reforma constitucional de 1994** en su artículo 43.

Hammurabi (1730-1685 a.C.): Rey de **Babilonia**, reemplazó las **ciudades-Estado** por un **Imperio** centralizado, con un importante **desarrollo** económico y cultural. Derrotó a los **asirio-babilonios** y ordenó la redacción del **Código de H.**

Hecho ilícito: Conducta contraria a la **ley**. Si media **dolo**, se trata de un **delito**, mientras que si lo que hay es **culpa**, hablamos de un **cuasi delito**.

Hecho jurídico: Ver **hechos jurídicos**.

Hechos jurídicos: Hechos susceptibles de producir efectos o consecuencias jurídicas. Pueden ser humanos –voluntarios o no- o naturales. A ellos se refiere el artículo 896 del **Código Civil** argentino: "...acontecimientos susceptibles de producir alguna adquisición, modificación, transferencia o extinción de los derechos y **obligaciones**".

Hobbes, Thomas (1588-1679): Filósofo **empirista** inglés y uno de los más importantes representantes del **contractualismo**. H fue testigo de la **revolución** de **Cromwell** a mediados del siglo XVII, y del **regicidio** de **Carlos I**. Sus objetivos se orientaban a evitar la **guerra civil** –como objetivo estratégico- y defender la **monarquía absoluta** –como instrumento-. Para H, el **estado de naturaleza** es un estado pre-político, anti-social y egoísta, con un hombre guiado por su instinto de conservación, lo que lo lleva a una **guerra de todos contra todos**. El **contrato social** se firma para salir de ese estado de sumo peligro y por su intermedio los hombres delegan todos sus derechos en el **Estado** (el *leviatán*), quien se encargará

a partir de entonces del orden y tendrá la **soberanía** o autoridad única e indiscutible. H -en su argumentación en favor del **despotismo** monárquico- eliminó todo rastro de pensamiento religioso y no tomó en cuenta elementos económicos. Consideró a lo político como el ámbito del **poder** y el orden, en contraposición al estado de naturaleza, identificado con la **anarquía** y el caos. En el plano filosófico, H se basaba en una concepción **determinista** y **mecanicista** de la **ciencia**, planteando la elaboración de un **modelo** mecánico del universo, centrado en el movimiento y la **geometría euclidiana**. En su **teoría**, los propios **individuos** que determinan mecánicamente a la **sociedad civil**, están a su vez mecánicamente determinados. Obra fundamental: *Leviatán* (1651).

I

Igualdad ante la ley: Principio moderno que establece que todos los **ciudadanos** de un **Estado** tienen derecho a ser tratados como iguales, sin distinción de ninguna clase.

***Impeachment*:** Voz inglesa que refiere al **juicio político** que se realiza a un **Presidente**.

Imputado: Persona a la que se la persigue penalmente por atribuírsele la comisión de un **delito**, en calidad de autor, cómplice o instigador. Si existen pruebas suficientes para llevarlo a juicio, pasa a ser **procesado**.

In absentia: Acto que se realiza en ausencia de alguien. Ausente.

In dubio, pro reo: Principio judicial que establece que en caso de duda, el juez debe absolver al acusado.

In fine: Expresión latina que significa "al final".

In situ: Expresión latina que significa "en el mismo sitio".

Inalienable: Inenajenable, que no se puede vender o transferir.

Inconstitucionalidad: Situación en que una **ley**, un acto de **gobierno** o una conducta particular viola la letra y el espíritu de la **Constitución** de un **Estado**. Cuando se considera que existe I se puede apelar al mecanismo jurídico del **recurso extraordinario** (ver).

Indemnización: Reparación de un daño causado a otro por culpa o negligencia por medio de un resarcimiento económico.

Indulto: Perdón de la **pena**, haciendo cesar los efectos de una condena, con lo que el beneficiario obtiene su libertad si se encuentra detenido. En nuestra **Constitución** (artículo 99), el I es concedido por el **Presidente** de la **República** a un condenado por **sentencia** judicial, en general por causas humanitarias, aunque es habitual la influencia de razones **políticas**.

Iniciativa popular: Presentación de un número determinado de firmas que representan un cierto porcentaje del cuerpo electoral que impone un ***referéndum*** para exigir al **Congreso** el tratamiento de un proyecto de **ley**, o la aprobación o derogación de una **norma**. Nuestra **Constitución**, en su artículo 39, excluye de la IP a los proyectos de reforma constitucional, tratados internacionales, **presupuesto**, **impuestos** y cuestiones penales.

Inmunidad parlamentaria: Privilegio que tienen los parlamentarios por el cual no pueden ser acusados, procesados penalmente ni perseguidos judicialmente mientras dure su mandato (salvo que estemos frente a una situación de *in fraganti* **delito**). La IP se **diferencia** de la **inviolabilidad parlamentaria**, que protege al legislador de cualquier responsabilidad por sus planteos o discursos políticos realizados en el ejercicio de su mandato. La IP tiene como objetivo proteger la independencia del **Congreso**. Existe también una inmunidad diplomática, una inmunidad **eclesiástica**, etc.

Insolvencia: Insuficiencia de fondos disponibles para afrontar deudas contraídas.

Instancia: Cada parte en que se divide la estructura de los tribunales o cada una de las etapas que atraviesa un **juicio**. Así, tenemos una **Primera I**, una **Segunda I** y la **Corte Suprema**.

Insurrección: Rebelión armada masiva que amenaza las bases del **poder** establecido, que puede tener características espontáneas o bien puede ser el punto culminante de una estrategia **política** revolucionaria de toma del poder, como sucede en el caso de los movimientos de I de raíz **marxista**.

Integración del derecho: Consiste en fijar los métodos a los cuales debe recurrir el encargado de solucionar una cuestión jurídica, cuando no encuentra entre las **normas** vigentes la que sea directamente aplicable (**lagunas del derecho**). En general, la ID está prohibida en **derecho penal** (por ejemplo, en los artículos 18 y 19 de la **Constitución Nacional**).

Interés general: El interés de todos, por encima de los intereses particulares. **Bien común.**

Interpelación: Comparecencia del **gobierno** o sus **ministros** al **Parlamento** con el fin de rendir cuentas. Institu-

ción propia del **parlamentarismo**, si la I no satisface al cuerpo legislativo puede dar lugar a **censura** y posterior remoción o pedido de renuncia del funcionario. En la **Argentina** se llama I al pedido de informes (artículo 71 de la **Constitución**), pero éste no habilita a la destitución. La reforma de 1994 habilitó también la I del jefe de **gabinete**, que requiere una **moción de censura** votada por **mayoría absoluta de la cámara** interpelante. Para la destitución de este funcionario se requiere mayoría absoluta de ambas cámaras (artículo 101).

Intervención federal: Acción del **gobierno federal** que remueve o mantiene a los gobiernos provinciales. Según nuestra **Constitución**, la IF se realiza para garantizar la forma republicana de gobierno, repeler invasiones de otras provincias, intromisiones exteriores o sediciones. Sólo puede declararla el **Congreso**, aunque si éste está en receso lo puede hacer el **Presidente** de la **República**.

Inviolabilidad parlamentaria: Protección dada al parlamentario por sus opiniones en el ejercicio de sus funciones. Se diferencia de la **inmunidad parlamentaria**, que protege al legislador de cualquier persecución judicial mientras se encuentre con sus **fueros**.

Ipso facto: Voz latina cuyo significado

es "en el acto" o "inmediatamente".

Irretroactividad de la ley penal: Principio que establece que para poder aplicar una **pena** por un hecho cometido, no basta que la **ley** la declare **delito**, sino que es necesario que dicha ley sea previa, anterior al hecho. La ILP sólo podrá dejarse de lado cuando la ley posterior al hecho sea más favorable al delincuente. Deriva del principio *nullum crimen, nulla poena sine lege*. En materia civil, no existe retroactividad, salvo las excepciones que la ley indique.

Ius civile: **Derecho civil**. El **derecho positivo** de los **ciudadanos** romanos. Opuesto: *ius gentium*.

Ius gentium: **Derecho de gentes**. En Roma antigua, el **derecho** de los extranjeros. Opuesto: *ius civile*.

Ius naturale: **Ley** natural. Ulpiano lo definió como el **derecho** que la naturaleza enseñó a los animales.

Iusnaturalismo: Ver *iusnaturalismo*.

J

Judiciabilidad: Calidad de judiciable, posibilidad de llevar a la justicia una cuestión para que los jueces se expidan sobre ella.

Juicio: Pleito o causa entre una parte acusadora y otra acusada sobre la que un juez evalúa y dicta **sentencia** conforme a las **leyes** vigentes.

Juicio de responsabilidad política: Ver **juicio político.**

Juicio político: Juzgamiento del **Presidente**, el **Vicepresidente**, el **Jefe de Gabinete**, los **Ministros** o los jueces de la **Corte Suprema** de Justicia de la **Nación**, por parte del **Congreso**. La **Cámara de Diputados** es acusadora y la **Cámara de Senadores** es la que acusa, pudiendo destituir al funcionario acusado. Según los artículos 53, 59 y 60 de la **Constitución** argentina, las causas que pueden originar un JP son: el mal desempeño, **delitos** en el ejercicio de sus funciones o crímenes comunes. El JP es un mecanismo de control funcional al **equilibrio de poderes.**

Jurado de enjuiciamiento: Ver *jury de* **enjuiciamiento.**

Jurisconsulto: Ver **jurista.**

Jurisdicción: Facultad del **Estado** –por intermedio del **Poder Judicial**– para administrar justicia. Ámbito o contexto general en el que se aplica una **ley.** Potestad **pública** que tienen los jueces para intervenir y fallar en los **pleitos.** También se llama J al **territorio** sobre el que se ejerce autoridad **política.**

Jurisprudencia: Una de las **fuentes de derecho**. Conjunto de **normas jurídicas** que emana de **sentencias** dictadas por los tribunales. Los fallos que interpretan en determinado sentido una **ley**, los que la definen o precisan, los que complementan sus **lagunas**, constituyen precedentes que sirven de guía a los jueces. Aráuz Castex la define como una serie de sentencias judiciales en las que se han resuelto casos análogos en el mismo sentido. En los países en los que rige el **derecho consuetudinario** la J cumple un papel vital.

Jurisprudencia plenaria: Ver **fallos plenarios.**

Jurista: Jurisconsulto, teórico del **derecho.**

Jury **de enjuiciamiento:** Procedimiento para la remoción de jueces federales.

Jusnaturalismo: **Doctrina** del **derecho natural,** de base **aristotélico-tomista.** En oposición al **positivismo jurídico,** el J sostiene que hay una conexión intrínseca entre **Derecho** y **moral.** La expresión "derecho natural" tuvo su origen en **Roma,** entendida como un derecho superior al positivo. Más adelante Cicerón apoyó la **idea** de un orden superior, inmutable, que no puede ser derogado por el **derecho positivo.** El derecho natural **cristiano,**

existía ya desde **Justiniano,** pero es **Santo Tomás de Aquino** quien construye el J cristiano o aristotélico-tomista o simplemente tomista. En cuanto al derecho natural **racionalista,** se originó en el **Iluminismo** europeo de los siglos XVII y XVIII, expuesto por filósofos como **Spinoza, Pufendorf,** Wolff y **Kant** -aunque tuvo en **Grocio** un antecedente importante- y despojó al derecho natural de cualquier contenido sobrenatural. El **tomismo** parte de la revelación, mientras que el derecho natural racionalista lo hace de la propia naturaleza del hombre.

Justicia: Ver **Poder Judicial.**

Justicia conmutativa: Distribución a cada uno según una **norma** de igualdad aritmética.

Justicia distributiva: Distribución proporcional de beneficios que una **comunidad** debe a sus miembros, de acuerdo con el merecimiento de cada uno. Opuesto: **justicia social.**

Justicia social: Justicia que los miembros de una **comunidad** deben a ésta. Opuesto: **justicia distributiva.**

Justiniano I (482-565): Emperador bizantino e impulsor del cuerpo jurídico que lleva su nombre, el **Código Justiniano** o *Corpus Iuris Civilis.*

K

Kelsen, Hans (1881-1973): Jurista checoslovaco, autor fundamental del **positivismo jurídico**. En 1934 publicó su obra clave, *Teoría pura del Derecho*, donde sentó las bases para una construcción racionalista de la teoría jurídica, contra las teorías *iusnaturalistas*, a las que acusó de irracionales. Estableció la existencia de una **norma fundamental** o **ley** madre de la que se derivan todas las demás, constituyendo el vértice de una **pirámide jurídica**.

L

Lagunas del derecho: Situaciones no previstas, claros o espacios vacíos que la **ley** ha dejado por olvido, imprevisión o imposibilidad de imaginarlos al sancionarla. Hay LD cuando no existe una ley expresamente aplicable a un caso determinado. Para resolver las LD se apela a la **integración del derecho** y a la aplicación de los **principios generales del Derecho**. Hans **Kelsen** sostiene que, si bien la ley puede tener lagunas, el derecho no puede tenerlas, puesto que para todo **sistema** jurídico es necesariamente verdadero el llamado **principio de clausura**: "todo lo que no está prohibido está permitido".

Laicismo: Doctrina que postula la independencia del hombre, de la **sociedad** y del **Estado** con respecto a la **religión**. Opuesto: **confesional**. (Ver también **secular** y **secularización**).

Laico: Ver **laicismo**.

Las siete partidas: Ver **siete partidas**.

Laudo arbitral: Decisión tomada por un **Estado**, tribunal internacional o personalidad, en el marco de un arbitraje pedido por dos o más naciones en conflicto, con el fin de dar fin a las controversias.

Legalidad: Hay L cuando un **poder** se ejerce de acuerdo con las **leyes** establecidas o de algún modo aceptadas. Para algunos autores, para ser tal, la L debe fundarse en **normas** sancionadas por un poder **legítimo**, ya que si surge de un régimen ilegítimo, sería una falsa L, sólo aparente. Mientras que la L tiene que ver con el ejercicio del poder, la **legitimidad** se relaciona con la titularidad, con el origen del poder. Un poder es legal cuando se ejerce de acuerdo con las leyes. Lo contrario de un poder legal es un **poder arbitrario**.

Legitimidad: Creencia en que las **instituciones políticas** deben ser respetadas y obedecidas, reconociendo al que manda el **derecho** a hacer uso de la fuerza para hacer cumplir las **nor-**

mas. Esto significa que los **valores** de los que mandan deben ser compartidos por los que obedecen. Cualidad que los obligados a obedecer a un **poder** le asignan a éste, lo que implica un grado de **consenso** tal que asegure la obediencia sin que sea necesario recurrir a la fuerza (o que ésta sea un último recurso). Un poder es legítimo cuando su título está fundado jurídicamente. **Weber** sostiene que la L implica la aceptación de una norma dictada por otro en la creencia de su efectividad. Según los **tipos de dominación** weberianos (ver), la L de un orden puede ser garantizada por adhesión sentimental, racional con respecto a valores (morales, estéticos, etc.), creencia religiosa o tradicional, o por motivaciones estrictamente racionales. Lo contrario de un poder legítimo es un **poder de hecho.** Sin embargo, puede haber **L de origen** y perderse la **L por representación** o la **L por resultados** (por ejemplo, un **gobierno** que gana las **elecciones** y no responde a las expectativas populares). A la inversa, puede no existir una L de origen, pero sí por representación o por resultados (por ejemplo, un gobierno que accede por medio de una **revolución** y da respuestas al **pueblo**).

Lesa Humanidad: Ver **crímenes de *Lesa Humanidad*.**

Leviathan (Thomas Hobbes, 1651): Obra cumbre de este autor contractualista y **absolutista**, en cuya tapa se podía observar un dibujo mostrando cómo el **Estado** era el resultado de la suma de los cuerpos de los hombres comunes. **Hobbes** fue testigo de la **Revolución** de **Cromwell** a mediados del siglo XVII y del **regicidio** de **Carlos I.** Sus objetivos se orientaban a evitar la **guerra civil** y defender la **monarquía absoluta.** Para Hobbes -uno de los autores más importantes del **contractualismo**- el **estado de naturaleza** es antisocial, egoísta, con un hombre guiado por su instinto de conservación que lo lleva a una **guerra de todos contra todos.** El **contrato social** se firma para salir de ese estado de sumo peligro y por medio de él los hombres delegan todos sus derechos en el Estado (el *L*), quien se encargaría ahora del orden y tendría la **soberanía** o autoridad única e indiscutible. Hobbes, en su argumentación en favor del **despotismo**, eliminó todo rastro de pensamiento religioso y no tomó en cuenta elementos económicos. En su visión, lo **político** es el **poder**, el orden, en contraposición al estado de naturaleza que es la **anarquía** y el caos.

Ley: Una de las **fuentes del derecho**, la más importante. Según la definición de Planiol, regla social obligatoria establecida de modo permanente por la autoridad **pública** (normalmente, emanada del **Poder Legislativo** y sancionada y promulgada por el **Poder Ejecutivo**) y sancionada por la fuerza. Toda L es de orden **público**, obligatoria y coactiva. Se diferencia del **decreto** en que la L contiene disposiciones de tipo general y abstracto, mientras que el decreto refiere a situaciones particulares.

Ley básica: Ver **Constitución**.

Ley de las doce tablas (Roma, 451 a.C.): Leyes escritas al comenzar la **República** romana, con el fin de evitar contradicciones en los jueces. Constituyeron las primeras leyes escritas del **Derecho Romano** e influyeron enormemente en las legislaciones europeas y en el **derecho canónico**.

Ley del Talión: Precepto jurídico que establece una respuesta de igual tenor frente a un daño causado por un ofensor, y cuya fórmula clásica está contenida en el **Código de Hammurabi** y el **Antiguo Testamento**, y es comúnmente conocida por la máxima "**ojo por ojo, diente por diente**".

Ley en sentido formal: Ley sancionada por el **Poder Legislativo**, de acuerdo al ordenamiento normativo vigente.

Ley en sentido material: Ley sancionada por autoridad competente y que expresa una normatividad social (**deber ser**). Si son leyes referidas a asuntos concretos de **gobierno** -como el **presupuesto** de la **administración pública**, la erección de un monumento, o el otorgamiento de una pensión- sólo serán **leyes en sentido formal**, pero no en sentido material, porque no estatuyen **norma jurídica** alguna.

Ley fundamental: Ver **Constitución**.

Ley marcial: Ver **estado de sitio**.

Ley suprema: Ver **Constitución**.

Leyes: Ver **ley**.

Leyes de Manú (200 a.C.): Leyes que codificaron las tradiciones orales de los brahamanes. Entre otras cosas, describieron la existencia de cuatro **castas**.

Leyes draconianas (siglo VII a.C.): Leyes establecidas por el Arconte Dracón en defensa de los grandes propietarios de **tierras**, basándose en las leyes de los Tesmotetes. Fueron reformadas por el Arconte Solón.

Liberalismo político (fines del siglo XVIII →): Rama del **liberalismo** que se basa en el respeto de las libertades y derechos individuales por parte del **Estado**, la **división de poderes**, el **gobierno** representativo y la **democracia** –con diversos matices según los autores-. Se fundamenta en el **contrato social** y representa lo **público**, las decisiones que se toman centralmente. En los siglos XVIII y XIX, el LP expresó los intereses **burgueses** opositores al **conservadorismo**, es decir la crítica de las **corporaciones**, lo **aristocrático**, el **clero**, los privilegios **estamentales** y el **mercantilismo**. Pensadores principales: John **Locke**, **Montesquieu**, Alexis de **Tocqueville** y Jean-Jacques **Rousseau**.

Litigio: Conflicto diplomático y/o **bélico** entre dos países, particularmente en lo referente a disputas limítrofes.

Locke, John (1632-1704): Filósofo **empirista** y médico inglés, partidario de la **teoría contractualista**. Filosóficamente, fue el primer teórico que planteó que el **conocimiento** no es infinito sino que tiene un límite para su desarrollo. L rechazó toda visión que suponga que el ser humano viene al mundo con ciertos **conocimientos** innatos y pensó al ser humano como una hoja en blanco (**tabla rasa**) sobre el que se hacen presentes ciertas impresiones o sensaciones que son enriquecidas mediante asociaciones más complejas (reflexiones). En el plano económico, adhirió al **mercantilismo**. En lo político, L es el teórico del **liberalismo**, y su teoría se vincula con la **Revolución Gloriosa** de 1688, anti-monárquica y anti-religiosa. Partió de un hipotético **estado de naturaleza** racio-

nal –para **Hobbes** era irracional– donde no había una lucha de todos contra todos sino asistencia mutua. Los hombres tenían allí derechos innatos naturales e inviolables, en particular la **propiedad privada**, derecho que surge del **trabajo** del hombre al transformar la naturaleza. Con el contrato, el hombre conserva sus derechos (junto con la propiedad, la vida y la libertad) y puede invocarlos ante el gobernante, quien puede ser revocado por el **pueblo**. El **individuo** es más importante que el Estado, el que sólo es un garante de los derechos de aquél, lo que habilita a los individuos a rebelarse contra un **gobierno** o **leyes** injustas. Su obra representó los intereses de la **burguesía**, que requería garantías para sus propiedades y libertad de **producción** y comercio. Su modelo político limitaba la **democracia** a la participación de los propietarios. Entre sus obras principales encontramos a: *Ensayo sobre el entendimiento humano* (1689) y *Ensayo sobre el gobierno civil* (1690).

M

Mandato: **Contrato** por el cual una persona (mandatario) representa a otra (mandante). En la **Edad Media** se generalizó la aplicación del contrato privado de mandato a cuestiones políticas. Se trataba de una **represen-**

tación de **intereses** y los representados no eran personas sino grupos **estamentales**. Estos mandatarios ponían freno a las decisiones políticas que perjudicaban a sus **grupos de pertenencia**.

Ministerio público: Órgano independientes de los tres **poderes** del **Estado**, que forma parte del Ministerio **Público Fiscal**. Su **función** es la de garantizar el accionar de la justicia, en defensa de la legalidad y la **sociedad**.

Ministros: Cada uno de los responsables de un área del **Estado**. Los M son colaboradores del titular del **Poder Ejecutivo**. En el **presidencialismo**, los M son nombrados por el **Presidente**, mientras que en la **monarquía absouluta** son designados por el **Rey** y en la **monarquía constitucional** el **Primer Ministro** los elige con el acuerdo del Rey. En el **parlamentarismo**, el **bloque** legislativo mayoritario elige al Primer Ministro. En el ordenamiento legal argentino, no forman parte del Poder Ejecutivo (artículo 100 de la **Constitución**). La remoción puede ser hecha por el Presidente o por el **Congreso** a través del **juicio político**. En el campo religioso, se llama así a aquellos que desempeñan funciones pastorales.

Modus operandi: Expresión latina que refiere a la manera en que alguien realiza una tarea.

Modus ponens: (Del latín *ponere*, "afirmar"). Significa el modo que, afirmando la **premisa**, se afirma la **conclusión**. Su **forma lógica** es: Si p entonces q, p, Luego q. Por ejemplo, "Si se dan recursos para construir viviendas, se crearán fuentes de trabajo. Se están destinando recursos para construir viviendas. Por lo tanto, se crearán fuentes de trabajo". La regla del MP es: (p É q), p \ q.

Modus tollens: (Del latín *tollere*, "negar"). Es el modo en que la **negación** de la **premisa**, niega en la **conclusión**. Su forma lógica es: Si p entonces q, no q, Luego no p. En **ciencias fácticas**, se utiliza en la **refutación** de **hipótesis** (ver **falsacionismo**). De una hipótesis se deducen las **consecuencias observacionales**, las que se someten a **contrastación experimental**. Si no se cumplen las consecuencias esperadas, se considera que la hipótesis de la que se dedujeron es falsa: por ejemplo, "Si llueve torrencialmente, la Ciudad de Buenos Aires se inunda. No se ha inundado la Ciudad de Buenos Aires. Por consiguiente, no ha llovido torrencialmente en Buenos Aires." El **antecedente** de las refutaciones científicas es por lo general una **conjunción** de muchas hipótesis, de modo que la conclusión del *MT* es que la conjunción entera es falsa, de lo cual se deduce que al menos uno de los **enunciados conyuntos** es falso. En el caso de que las consecuencias resultaran verdaderas, podría pensarse que las hipótesis deberían ser aceptadas como verdaderas. Sin embargo, no es así, ya que la forma de **razonamiento** que emplearíamos en ese caso sería inválida: se denomina **falacia de afirmación del consecuente**. La regla del *MT* es: (p É q), -q \ -p.

Montesquieu, Charles-Louis de Secondat, barón de la Brède y de (1689-1755): Escritor y filósofo francés, defensor de la **división de poderes** (que observara en su visita a **Inglaterra**) y enemigo de la **monarquía absoluta** francesa (era partidario de una monarquía con contrapesos parlamentarios y judiciales; desechaba el **despotismo** pero también la **democracia**). Su obra más importante fue *El espíritu de las leyes* (1748), una de las bases ideológicas de la **Revolución Francesa**. Para M, cada **pueblo** elige las **leyes** que se adaptan a su **idiosincrasia**.

Moral: Disciplina que estudia cuál es el bien absoluto o el fin natural del hombre y examina los actos humanos señalando las reglas de conducta que aproximan a los hombres a ese fin (las **virtudes**) o los alejan del mismo (los vicios). Para algunos autores M se identifica con **ética** mientras que otros establecen una diferenciación tajante: la M (de *mores* o **costumbre**) implica un mandato social y normativo sobre los **individuos**, mientras que la ética refiere a los **valores** de la **conciencia subjetiva**, sin intervención del medio social externo.

N

Nación: Conjunto de hombres que, viviendo dentro de un mismo **territorio**, están unidos por una misma **cultura e historia**, y algunos rasgos en común (**lengua, raza, religión**, etc, aunque no todos necesariamente), reconocen un mismo origen y persiguen un mismo destino. El **término** tiene un origen moderno, al menos en la acepción actual; anteriormente, una persona se reconocía como perteneciente a una religión o a una región, pero no a un país. Así, alguien podía auto-identificarse como cristiano o como borgoñés, pero no era probable que se definiera como francés. La suma de un territorio y una **población** unidos por lazos comunes conforma una N, lo cual significa que no se trata de un **concepto** político ni jurídico –a diferencia del concepto de **Estado**- sino sociológico, aunque la confluencia de ambos conceptos ha dado lugar históricamente al Estado nacional. Por otra parte, existen N sin Estado –los judíos antes de la formación del Estado de **Israel**, los armenios, los vascos-, N dispersas en distintos Estados –los gitanos, los árabes- y Estados plurinacionales –como la Federación Rusa-. La **Revolución Francesa** fue la que implantó la idea del **Estado-N** (ver) por encima de las divisiones sociales de **clases** y privilegios **feudales**. El **marxismo** ha cuestionado el uso ideológico de la N por parte de la **burguesía**, acusando a ésta de ocultar detrás del interés nacional común, su interés de clase. De allí que el marxismo se defina como internacionalista, es decir, en defensa del interés internacional de la **clase obrera**, por encima de las diferencias nacionales. De todas formas, la **política** de los **comunistas** en el **poder** tras la **Revolución Rusa** fue la de respetar las nacionalidades, reivindicando su derecho a la independencia, defendiendo además el carácter progresivo de las naciones oprimidas en su enfrentamiento con los **nacionalismos imperialistas**. (Ver también **nacionalismo**).

Nacionalidad: Conjunto de factores socioculturales que unen a aquellos que poseen un idéntico origen o al menos historias o tradiciones comunes. Jurídicamente, vínculo de un individuo con un **Estado**.

Nacionalización: **Expropiación** de una **empresa** de **capital** privado por parte del **Estado**. La N o **estatización** puede desarrollarse dentro de los marcos del régimen social imperante -por ejemplo, las N **burguesas**, como las implementadas por el **peronismo** en la **Argentina** o por **partidos socialdemócratas** en el marco del **Estado de Bienestar Keynesiano** en Europa- o bien formar parte de un **proceso** de transformación social –como fue en el caso de la **Revolución Rusa**-. Opuesto: **privatización**.

Naturalización: Otorgamiento por parte del **Estado** de la condición de **ciudadano** a un individuo extranjero.

No hay pena sin ley previa que prohíba el acto: Uno de los **principios** fundamentales del **derecho**, está vinculado con otro principio: el de la **irretroactividad de la ley penal**.

No intervención: Principio del **Derecho Internacional** por el cual la injerencia de un **Estado** en los asuntos internos de otro es ilícita.

No vinculante: Decisión aprobada por el **pueblo** en una **consulta popular** que no es de aplicación obligatoria para el **Estado**.

Noético: Aquello que es evidente por sí mismo.

Nombre: Atributo de la **personalidad** que sirve para designar e identificar a una **persona** en una **sociedad**.

Norma: Regla o pauta de conducta social, uso, **costumbre**. Según la definición de John **Austin**, una N es un mandato respaldado por una amenaza. Cuando la N se cristaliza en el **derecho positivo** se convierte en una **ley**.

Norma fundamental (Hans Kelsen): Hipótesis básica que se presupone válida y de la que se deriva verticalmente un orden jurídico. La NF de un **Estado** suele ser una **Constitución** Nacional, cuya función es designar los órganos encargados de la creación de las normas generales y explicar cuál es el procedimiento que debe seguirse.

Norma jurídica: Ley o precepto general de carácter obligatorio que tiene el fin de garantizar el orden social. Su aplicación puede ser impuesta por la fuerza. Según **Kelsen**, una NJ es aquel juicio lógico objetivo que prescribe una **sanción** jurídica, mientras que para Alf Ross una NJ existe –es decir, está vigente en un determinado lugar- cuando se puede decir con probabilidad que los jueces la usarán como fundamento de sus resoluciones. Según von Wright, son elementos de la NJ el carácter, el contenido, la autoridad, la ocasión, la condición de aplicación, el sujeto, la **promulgación** y la sanción.

Normas generales: Normas que regulan un número indefinido de casos. La generalidad de una norma exige que ésta sea formulada en términos abstractos. Son NG: las **costumbres**, los preceptos **doctrinarios**, los **principios generales del derecho** y ciertas **leyes**.

Nulidad de los actos jurídicos: Sanción legal que priva a un **acto jurídico** de sus efectos propios o normales, a raíz de una causa (defecto o vicio) existente en el momento de su celebración.

Nullum crimen, nulla poena sine lege: Expresión latina, **principio de legalidad** que establece que no hay **pena** sin **ley**. En la **Constitución Nacional** de la **Argentina** figura en su artículo 18.

O

Obligación: Deber patrimonial de un deudor de cumplimiento con su acreedor, en concepto de una prestación (de dar, de hacer o de no hacer algo) que éste da al primero. Según la definición de **Justiniano**, la O "es el vínculo jurídico que nos apremia o constriñe a pagar a otro alguna cosa". Las O pueden ser civiles (o perfectas) o naturales (o imperfectas). Elementos: sujetos (acreedor y deudor), **objeto** y **causa**. Fuentes: **contrato**, cuasi contrato, hecho ilícito y **ley**.

Ojo por ojo, diente por diente: Precepto básico de la **Ley del Talión**, se basa en la aplicación de igual castigo al ofensor.

Ombudsman: (Palabra escandinava de origen alemán que significa "representante" o "mediador"). Funcionario **público** autónomo, apolítico y apartidario encargado de actuar en defensa de los intereses del conjunto de la **comunidad** y para controlar y evitar arbitrariedades, elegido por el **Parlamento** para recibir denuncias ciudadanas de incumplimiento de las **leyes** o de abusos cometidos por la **administración pública**. Sus decisiones no tienen peso obligatorio; sólo operan como una presión de tipo **moral**. Surgió en 1809 en Suecia. También se le denomina "**defensor del pueblo**".

Omisión: Infracción penal cometida por dejar de hacer algo que la **ley** obliga. Por ejemplo, no usar el cinturón de seguridad, no alimentar la madre a su bebé.

Ontología: Estudio del **ser** o el **ente** en sí mismo, independientemente de sus modos o **fenómenos** (la "**ciencia de la esencia**", según **Husserl**). El término apareció en el siglo XVII con J. Clanberg. La O de una **teoría**, sea filosófica, científica o pseudo-científica, es el conjunto de entidades que plantea. Por ejemplo, el **Psicoanálisis**

postula un ente al que llama **inconsciente** y caracteriza con una serie de propiedades mientras que la **psicología conductista** ni se ocupa de este **objeto** ni acepta que exista tal como lo concibe el Psicoanálisis, por lo que las O de estos **sistemas** son diferentes. Opuesto: **deontología**.

Ostracismo: Destierro político, condena consistente en un apartamiento de alguien de la vida pública o su expulsión por ser considerado peligroso para el **Estado**. Fue una práctica común en Grecia antigua, especialmente durante la **tiranía**, aunque implicaba una votación de los **ciudadanos** quienes escribían el nombre de la persona castigada en una concha de ostra, de donde proviene el nombre.

P

Pacto de asociación (contractualismo):. El *pactum societatis* es un **contrato** entre los **individuos**, que se ponen de acuerdo para firmar el otro pacto: el **pacto de sujeción**.

Pacto de sujeción (contractualismo): El *pactum subjectionis* es el pacto por el cual los **individuos** pasan del **estado de naturaleza** a la **sociedad civil**, cediendo todo su poder a un **soberano**.

Panóptico: Modelo de cárcel creado por Jeremy **Bentham**, pensador del siglo XVII, en el que Michel **Foucault** descubrió el modelo de la **sociedad capitalista** moderna, ya que las relaciones de **poder** y **saber** que rigen en esa cárcel rigen en toda la sociedad, a través de las **instituciones** de vigilancia y corrección. La forma del P (que quiere decir "ojo que lo ve todo") es como un anillo, donde se ubican las celdas, mientras que en el centro hay una torre desde la que se ve todo el interior de las celdas, las que tienen vidrios tanto adelante como atrás -por lo que la luz las atraviesa- permitiendo una vigilancia plena del loco, el enfermo, el condenado, el obrero, el escolar, etc, que a su vez no puede ver al que lo vigila por la misma **estructura** de la construcción. En lo que Foucault llamó una "arquitectura de la vigilancia", cada uno de estos **sujetos** está solo como lo está el preso en la celda, perfectamente individualizado y visible (pensemos en ejemplos de hoy en día: somos **individuos** fácilmente ubicables: el **Estado** dispone de servicios de **inteligencia**, de archivos de identidad, prontuarios, historias de vida, etc. Pensemos en formas de censura o represión, como "tomar distancia" en el colegio, como no hablar en la **fábrica** mientras se produce, como el chaleco de fuerza, como la creación de **valores** y **discursos** a través de los **medios**, como el pecado religioso,

etc). Foucault sostiene que en la **dominación** moderna ya no se trata de ocultar en la oscuridad -porque la oscuridad en el fondo protege- sino de hacer visible para controlar, para vigilar y para lograr la auto-vigilancia y la auto-disciplina. El P sirve a Foucault para su **teoría** del poder: el P es una máquina de crear y sostener relaciones de poder, independientemente del que lo ejerce, y se centra en tres ejes: vigilancia, control y corrección. El poder se automatiza y desindividualiza; ya no está concentrado en el Estado o en la **clase dominante.**

Panoptismo (Michel Foucault): Nueva forma de **poder** que se consolida en **Occidente** en la etapa más avanzada del **sistema capitalista**. La **sociedad panóptica** es una identidad entre prisión y **sociedad**. El poder panóptico corresponde a una sociedad que -con el fin de formar y transformar a los **individuos** en función de la medida que constituye "lo **normal**"- debe someterlos a examen, vigilancia, control y corrección en todos y cada uno de los ámbitos o espacios: el hospital, la **fábrica**, la escuela, la oficina, el manicomio, la prisión, etc.

Parlamentarismo (1688 →): Régimen político en el que el **Parlamento** ejerce el **Poder Legislativo** y controla el desempeño del **Poder Ejecutivo**, el cual tiene dos cabezas: **Jefe de Gobierno** o **Primer Ministro** –elegido por el Parlamento, en general el **líder** del **partido** mayoritario- y el **Jefe de Estado** –Rey o **Presidente**, según sea una **monarquía** o una **República**, con pocas atribuciones y no elegido por votación popular-. Características del P: 1- los miembros del **gobierno** o **gabinete** son al mismo tiempo miembros del Parlamento, 2- el gobierno se forma con los jefes del partido mayoritario o los partidos unidos en **coalición**, una diferencia fundamental con el presidencialismo, donde es habitual que el ejecutivo pertenezca a un partido y el legislativo esté dominado por un partido opositor, 3- el gobierno tiene un Primer ministro o **Presidente del Consejo** a su cabeza, que es el líder sobre sus colegas ministeriales, 4- el gobierno se mantiene si la mayoría del Parlamento lo apoya; caso contrario, debe irse (también debe irse si el partido oficial pierde una **elección** y queda en minoría), 5- el gobierno ejecuta, pero tiene un control permanente del Parlamento, 6- existe responsabilidad política de los **Ministros** ante el Parlamento; éste exige responsabilidad política al gobierno y responsabilidad colectiva al gabinete, 7- a diferencia del **presidencialismo**, en el P la **división de poderes** es mucho más débil. Para M. Duverger, la responsabilidad política del gabinete frente al Parlamento es el elemento esencial del P. El **voto de censura** de la mayoría del Parlamento implica que el gobierno debe irse, lo mismo que la negativa a conceder un **voto de confianza** pedido por el gobierno. Si el gobierno renuncia, se disuelve el Parlamento y se convoca a nuevas **elecciones**. Sin embargo y a la inversa, el gobierno puede responder a la **moción de censura** disolviendo el Parlamento y convocando a elecciones para que sea el **pueblo** el que defina la situación. Si gana el **oficialismo**, el gobierno podrá quedarse, pero si se impone la **oposición**, deberá irse. Esto implica que ni los mandatos legislativos ni los ejecutivos son a plazo fijo. Históricamente, el P nació con la **Revolución Gloriosa** inglesa de finales del siglo XVII, cuando el **poder** del monarca absoluto (**modelo** político monista) perdió terreno y al lado del Rey apareció el Parlamento (modelo político dual). Así, el monarca gobernaría a través de un Primer Ministro y un gabinete, con facultades para disolver al Parlamento. Pero éste podría aprobar o rechazar las decisiones del Rey y aprobar o no el nombramiento del Primer Ministro. Se produjo entonces un contrapeso entre monarca y Parlamento. La llegada al poder de la dinastía de los Hannover en **Inglaterra** -en el siglo XVIII- significó la consolidación de la **monarquía parlamentaria** (ver), lo que implicó una pérdida de poder del monarca a manos del Parlamento: el Primer Ministro (que pasó a ser Jefe de Gobierno, el gobierna efectivo) y el gabinete se apropiaron de las atribuciones del monarca (que pasó a ser jefe de Estado, con atribuciones simbólicas, reinando pero no gobernando), pasando a depender más del Parlamento, del cual son parte y frente al que son responsables. Como ejemplo del P clásico, Loewenstein menciona la **III** y **IV República Francesa**. Por otra parte, la **República de Weimar** en **Alemania** introdujo la **elección** popular del Presidente.

Parlamento: (Del latín *parabolare* y del francés *parlament*, "hablar"). Órgano político representativo con funciones legislativas cuyos integrantes son elegidos habitualmente por votación popular (con excepciones, como la **Cámara de los Lores** inglesa). El P puede ser **unicameral** o **bicameral**. También denominado **Congreso**, **Cortes (España)**, **dieta (Sacro Imperio Romano)** o **Estados Generales (Francia)**. Históricamente, el P surgió en la **Edad Media** como una **asamblea** de **estamentos** que autorizaba gastos de guerra al **Rey** a cambio de ciertos privilegios. El P británico tiene sus antecedentes en la **Carta Magna**, cuando los estamentos obtuvieron la atribución de aprobar **impuestos** (1215), la convocatoria de dos caballeros por condado (1265) y el "P **modelo**" convocado por Eduardo I (1295). La ruptura del **Estado** con la **Iglesia** durante el reinado de **Enrique VIII** facilitó el desarrollo del P, siendo la **Revolución**

Gloriosa de 1688 y el *Bill of Rights* del año siguiente sus momentos cumbre. En la primera mitad del siglo XVIII, Jorge I cedió numerosas facultades al **Primer Ministro** y al **gabinete**. (Ver también **parlamentarismo** y **monarquía parlamentaria**).

Partidas: Ver **siete partidas**.

Patente: **Derecho** de **explotación** de un invento tecnológico o **proceso** productivo. Por el uso de un **bien** patentado se debe abonar al inventor un *royalty*.

Pena: **Sanción** que se reserva para determinados hechos calificados como **delitos**. Castigo o privación para el culpable de una infracción de la **ley positiva** o de la **ley natural**. Existen varias justificaciones de la P: como restablecimiento del orden normativo, como castigo al reo, como defensa de la **sociedad**, como elemento ejemplificador, etc.

Per saltum: Mecanismo procesal conocido en el **derecho anglosajón** como *by pass*. Significa que la **Corte Suprema de Justicia** se aboca al conocimiento y decisión de un proceso judicial, el cual no estaba siendo tramitado ante ella, sino ante un tribunal de instancias inferiores. De esta forma la Corte "salta" por encima de esas instancias inferiores y entiende en una causa en la que incluso puede estar pendiente el dictado de sentencia.

Per se: Expresión latina que significa "por sí mismo".

Persona: El **Código Civil** argentino, en su artículo 30, define a la P como un ente susceptible de adquirir derechos y contraer **obligaciones**. No sólo el hombre puede ser P, sino que también pueden serlo otros entes que, sin ser hombres, pueden adquirir derechos y contraer obligaciones, tales como las asociaciones, fundaciones, sociedades, etc. En este sentido, tenemos P **físicas** y P **jurídicas**.

Persona de existencia ideal: Jurídicamente, son aquellos entes formados por agrupaciones de hombres, tales como las **sociedades**, **asociaciones**, etc., a los cuales la **ley** reconoce personalidad (artículo 31 del **Código Civil** argentino).

Persona de existencia visible: Jurídicamente, todos los seres humanos desde su concepción en el seno materno (artículo 70 **Código Civil** argentino).

Persona física: Persona humana, natural o de existencia visible (artículo 51 del **Código Civil**). Opuesto: **persona jurídica**.

Persona jurídica: Ser o entidad no física –ideal o de existencia ideal- pero susceptible de contraer derechos y **obligaciones** (artículo 32 del **Código Civil**). Por ejemplo, una **sociedad anónima**. **Savigny** se resistía a reconocerlas, sosteniendo que son las personas miembros de la sociedad –y no la PJ en sí- en su calidad de **individuos** los responsables de las conductas. En cambio, para **Gierke** la PJ es un sujeto real con cualidades propios. Para **Kelsen**, el acto de un **individuo** puede ser atribuido a la PJ en la medida en que tal acto estuviese reglado en su estatuto. Opuesto: **persona física**.

Persona por nacer: Persona que no habiendo nacido está concebida en el seno materno (artículo 63 del **Código Civil**). En la legislación comparada, en general, se es persona sólo luego del nacimiento.

Pirámide jurídica (Hans Kelsen): **Estructura** jurídica jerárquica, cuyas **normas** se distribuyen en diversos estratos, siendo el grado superior – el vértice de la pirámide- la **Constitución** o **norma fundamental**.

Plebiscito: Consulta que un **gobierno** hace al **pueblo** para la aprobación o rechazo de una medida **política** tomada o para ratificar o no la confianza en un gobernante. El P es una práctica habitual de ciertos **líderes** políticos, siendo frecuente en el caso de las **dictaduras carismáticas**. El *referéndum*, en cambio, implica la opinión popular acerca de **normas** sancionadas.

Pleito: Ver **juicio**.

Poder constituyente: Facultad de que goza un **pueblo** de crear y reformar las **normas** organizativas del **Estado**. De este modo, el **Derecho Constitucional** plantea que la **Constitución** de un Estado depende de la voluntad soberana del pueblo, o **soberanía popular** (ver **voluntad general** y **asamblea constituyente**).

Poder de hecho: **Poder** no regulado por **normas**. Opuesto: **poder legítimo**.

Poder de policía: Potestad constitucional otorgada al órgano legislativo, a fin de que éste reglamente el ejercicio de los derechos de los habitantes.

Poder de veto: Ver **veto**.

Poder Ejecutivo: Uno de los tres **poderes** del **Estado** constitucional, el encargado de ejecutar las decisiones. En el **presidencialismo** el PE es unipesonal, mientras que en el **parlamentarismo** existe un ejecutivo dual: **Jefe de Estado** y **Jefe de gobierno**. En nuestro ordenamiento jurídico, el PE es un órgano de **gobierno** unipersonal (artículo 87 de la **Constitución**) ejercido por el **Presidente** de la **República**, que es jefe de la **Nación** y del gobierno y responsable de la administración. Sanciona, promulga y ejecuta las **leyes** expedidas por el **Parlamento**, está encargado de las relaciones exteriores y ejerce la jefatura de las **FF.AA.** A través del **veto**, el **indulto** y la **conmutación de penas**, ejerce un control sobre el **Poder Legislativo** y el **Poder Judicial**.

Poder Judicial: Órgano de **gobierno** cuya principal función es administrar justicia o juzgar en el **territorio** de un **Estado** soberano y que reconoce la igualdad ante la **ley** de los **ciudadanos** (y que según el **marxismo** encubre la desigualdad real de las **clases**). Al menos en las formas, el PJ es independiente del **Poder Ejecutivo** y del **Poder Legislativo** y ejerce un control sobre ellos a través del **control de constitucionalidad**. Según la **Constitución Argentina** (artículo 108), el PJ se compone de una **Corte Suprema** y tribunales inferiores. Los jueces son elegidos por el Poder Ejecutivo con acuerdo del **Senado**, lo que para algunos invalida su pretendida independencia y le otorga características antidemocráticas, al no ser elegidos por el **voto** popular. De todas formas, en el artículo 110 de la Constitución se establecen dos garantías de la independencia del PJ: la inamovilidad de los jueces y la intangibilidad de sus **salarios**.

Poder Legislativo: Uno de los tres **poderes** del **Estado** constitucional, el encargado de legislar. Según el artículo 44 de la **Constitución Nacional**, está formado por la **Cámara de Senadores** –que representa a las provincias- y la **Cámara de Diputados** – que representa a los **ciudadanos**-. Sus funciones y atribuciones varían bastante según se trate de un **régimen político presidencialista** o **parlamentarista** (en este último caso, del **Parlamento** surge el **Primer Ministro**).

Poder legítimo: Poder regulado por **normas.** Opuesto: **poder de hecho.**

Poderes: Ver **división de poderes.**

Positivismo (siglo XIX): Filosofía y **método científico** que plantea como postulados básicos: 1) que los **hechos empíricos** y la **inducción** son los únicos medios eficaces del **conocimiento**, rechazando la **metafísica** y la **teología**, 2) que las diferentes disciplinas científicas deben tener el mismo **método** más allá de que tengan diferentes **objetos (monismo metodológico)**, 3) que las **ciencias naturales** -la física matemática en especial- constituyen un **modelo** para el resto de las **ciencias**, incluidas las humanidades, 4) que la **explicación científica** consiste en encontrar **leyes** que involucren a gran cantidad de casos individuales, demostrando la **causa** de un tipo de **fenómeno** y,

5) que debe ser posible prever lo que va a ocurrir en el futuro, y para eso hacen falta fuertes leyes **generales.** Otras ideas que compartieron algunos positivistas, aunque no todos: la **modernización**, la **racionalidad**, la **razón instrumental**, la **evolución** lineal de la **sociedad**, la fe en el **progreso** en base a la innovación científica y tecnológica, el **darwinismo social** (sobrevive el más fuerte), la función civilizadora del hombre blanco (**racismo**), el no cuestionamiento del pasado (tradición) y la idea de que la sociedad debe ser mirada de la misma manera que un organismo biológico (**organicismo**). Son autores claves del P: Francis **Bacon**, David **Hume**, John S. **Mill** y Augusto **Comte**. En la **Argentina**, las ideas del P crecieron en influencia tras la caída de **Rosas** y sirvieron de arma teórica en el enfrentamiento de la *élite* **liberal laica** con la **Iglesia**, desarrollándose especialmente con la llamada **Generación del 80** (ver), particularmente con su adhesión al pensamiento de H. **Spencer.**

Positivismo jurídico (principios del siglo XIX): Doctrina jurídica que planteaba el abordaje del **derecho** considerándolo parte de las **ciencias naturales**, y colocando como elemento central a la **ley.**

Prerrogativa: Derechos y privilegios de los reyes sobre los súbditos, sin limitaciones legales. En **Inglaterra** fueron detentadas por los **Tudor** y los **Estuardo**, pero con la **Revolución Gloriosa** se inició su decadencia.

Prescripción: Relato de lo que algo debe ser o de lo que debe hacerse, en contraposición a la **descripción**, que habla de lo que algo es o de lo que efectivamente se hace.

Presidencialismo: Régimen político en que el **Presidente** es a la vez **Jefe de Estado** y **Jefe de Gobierno** y que tiene como concepto central la **separación de poderes:** el Presidente no está obligado a rendir cuentas al **Parlamento**, porque no hay responsabilidad política (excepcionalmente existe el **juicio político**, pero nunca el **voto de censura**. De este modo, la destitución del cargo sólo puede ocurrir a través de **elecciones**). Además, el Presidente es elegido por el **voto** popular –en algunos casos indirectamente, como sucede con los **colegios electorales**- y por un plazo fijo. El Presidente nombra y destituye a los **Ministros**, los cuales no conforman un **gabinete** al estilo del **parlamentarismo**. Tampoco puede el Parlamento destituir a un miembro del gabinete. A la inversa, el Presidente no podrá disolver el Parlamento, cuyos miembros también surgen de elecciones y con mandato fijo. Así, hay inmunidad reciproca y autonomía política (Duverger decía que entre Presiden-

te y Parlamento hay un "**matrimonio sin divorcio**"). En el P, el Presidente puede pertenecer a un partido y el control del legislativo estar en manos de un partido opositor, algo inconcebible en el parlamentarismo. El ejemplo más importante es el de los **EE.UU.**, destacándose Filipinas como uno de los pocos ejemplos fuera de **América**. En América Latina se sigue el **modelo** norteamericano, pero con **sistemas** muy inestables que degeneran en **autoritarismos** y **caudillismos** y donde el poder del Presidente en general es mucho mayor que el del Parlamento –lo que se expresa, por ejemplo, en una reiterada utilización de diversos mecanismos: **decreto**, iniciativa legislativa, **veto, intervención federal**, **estado de sitio**, control de la **Corte Suprema**, etc-. Según **Sartori**, con la excepción de EE.UU., el P ha cedido a las presiones de los **golpes de Estado**. También denominado **gobierno presidencial**. Una variante del P es el **semipresidencialismo** (ver).

Prevaricato: Delito por incumplimiento de sus deberes por parte de un funcionario **público**.

Primera Instancia: Tribunal formado por un único juez, que toma conocimiento de un asunto, realiza el proceso y dicta sentencia. Etapa previa a la **Segunda Instancia**.

Principio de clausura: Principio del derecho que estipula que **todo lo que no está prohibido está permitido**.

Principio de extraterritorialidad: Ver **extraterritorialidad**.

Principio de igualdad: Criterio que establece la igualdad ante la **ley** de todos los **ciudadanos**. En nuestra **Constitución** figura en el artículo 16.

Principio de inviolabilidad: Principio que establece que ciertos derechos no se pueden violar bajo ninguna circunstancia. En nuestro país, se encuentra regulado en el artículo 18 de la **Constitución Nacional**, "...Es inviolable la defensa en juicio de la persona y de los derechos. El domicilio es inviolable, como también la correspondencia epistolar y los papeles privados, y una ley determinará en qué casos y con qué justificativos podrá procederse a su allanamiento y ocupación".

Principio de legalidad: Llamado también "principio de reserva", establece que no puede haber crimen ni pena sin ley ("*nullum crimen, nulla poena sine lege*"). El PL está contemplado en el artículo 18 de la Constitución Nacional: "Ningún habitante de la Nación puede ser penado sin juicio previo fundado en ley anterior al hecho del proceso...". Es decir que sólo la **ley** crea **delitos**. Por otra parte, el

artículo 19 establece que "Nadie puede ser obligado a hacer lo que la ley no manda, ni privado de lo que ella no prohíbe".

Principios generales del Derecho: Principios fundamentales que rigen al **derecho positivo**, que no se encuentran escritos, pero que constituyen una de las **fuentes del Derecho** (la tercera luego de la **ley** y la **costumbre**), la base **lógica** de toda **norma jurídica**. Algunos autores, por el contrario, lo vinculan con el **derecho natural**. Según J. Llambías, cuando no existe norma positiva que pueda aplicarse a un caso, se debe apelar a los PGD. Esto significa que, si bien es cierto que en la ley existen **lagunas**, no hay lagunas en el derecho.

Privado: Esfera de lo individual y personal. En la **economía**, sector que no pertenece al **Estado**. Opuesto: **público**.

Privatización: Pasaje a **propiedad privada** de **bienes** pertenecientes a la **Nación**, las provincias o los **municipios**. En la década de 1980 y 1990, la **hegemonía** del **neoliberalismo** generó una ola de P en gran parte del mundo. En la **Argentina**, quien más impulsó ese proceso fue el **Presidente peronista C. Menem**. Opuesto: **nacionalización**.

Probation: Trabajo comunitario realizado por un acusado de un **delito** excarcelable sin antecedentes penales, cuyo cumplimiento suspende la continuidad de un **juicio** en su contra.

Procesado: Persona a la que un tribunal juzga en razón de haber encontrado indicios o elementos de **prueba** suficientes de que ha cometido un **delito**.

Profano: Lo que no tiene relación con la **religión** y forma parte de la **vida cotidiana. Secular, laico, seglar.** Opuesto: **sagrado**.

Promulgación: Acto presidencial que ordena la publicación y aplicación de una **ley** sancionada por el **Poder Legislativo**.

Propiedad: La definición jurídica dice que la P es un **derecho** o facultad de disponer de una cosa, o un dominio exclusivo de una **persona** sobre una cosa. Sin embargo, desde el **marxismo** se ha criticado a esta definición, con el argumento de que -al definir la P como una relación entre una persona y una cosa- se disimula su **función** social y económica, que la teoría **socialista** califica como "**explotación**". **Marx** distingue diferentes tipos de P: **tribal, comunal o estatal, feudal o corporativa y privada**, entre otras. Ver también **P personal** y **función social de la P**.

Propiedad personal: Tipo de **propiedad** surgido del **trabajo** propio. Según el **marxismo**, la PP es legítima, distinguiéndose de la **propiedad privada**, fruto de la **explotación** del **trabajo** ajeno.

Propiedad privada: Tipo de **propiedad** en que los **medios de producción** y los **productos** del **trabajo** pertenecen a particulares. Para el **contractualismo** y la **economía clásica**, la propiedad es un **derecho** natural. Para el **marxismo**, la PP determina la división de la **sociedad** en dos **clases**, una propietaria y la otra no propietaria, y la consiguiente formación del **Estado**. Según Marx, la PP es resultado de la **explotación** del trabajo ajeno, mientras que la **propiedad personal** surge del propio trabajo.

Proscripción: Prohibición, ilegalización. El término se utiliza en particular para describir a las situaciones en que **partidos políticos, sindicatos**, personas y otros actores políticos y sociales son declarados ilegales por el **gobierno** y a los que se les prohíbe intervenir en la vida nacional.

Protectorado: Tutela o **soberanía** ejercida por un **Estado** que brinda protección a otro que tiene autoridades locales con una **independencia** formal limitada, ya que debe obediencia a aquel. Por ejemplo, Marruecos fue, antes de su independencia, P de **España** y **Francia**.

Prueba: Presunción de la **verdad** de los hechos controvertidos en un **juicio**. Hay varios tipos de P: aportadas por la propia persona involucrada, por testigos, a través de peritajes o documentos, etc.

Público: Esfera de relaciones sociales comunes a todos los **individuos** e independientes de las voluntades personales. Opuesto: **privado**.

Pueblo: Cuerpo de los **ciudadanos**, parte de la **población** de un **territorio** dado que posee derechos políticos. También, **grupo** humano con una **cultura** en común. Otra acepción refiere al P como al sector de la **sociedad** con más bajos recursos.

Pufendorf, Samuel (1632-1694): Pensador *iusnaturalista*, planteó la existencia de dos tipos de pacto o **contrato social**: en uno de ellos, los hombres firman su unión en **sociedad** y crean al **Estado** (pacto de unión); en el otro, el **pueblo** se somete a los gobernantes (pacto de sujeción). Entre sus obras principales encontramos a: *Deberes del hombre y del ciudadano* (1673).

Punible: Castigable, penable. Dícese de la conducta antijurídica.

Q

Querella: Escrito que se presenta ante un tribunal denunciando la comisión de un **delito** y dando lugar al inicio de una **causa**.

Quiebra: Liquidación de los **bienes** de una **persona física** o **persona jurídica** declarada en **bancarrota** para su distribución entre todos los acreedores.

R

Racionalidad: Aquello vinculado con lo perteneciente a la razón.

Razón de Estado: Concepto por el cual se justifica un interés superior del **Estado** que se considera por encima de la **moral** y la **ley** vigentes en una **sociedad** y que justificaría su violación. (Ver también **maquiavelismo**).

Real: Jurídicamente, **derecho** que se tiene sobre las cosas materiales.

Realismo jurídico (EE.UU., 1850 →): Corriente de autores que buscaron el contenido de lo jurídico a partir de las decisiones judiciales. De este modo, las **normas** generales son meras pautas que el juez podrá o no tener en cuenta en su labor de administración de justicia. Si para la **dogmática jurídica** los jueces son meros aplicadores del **derecho** preexistente, para los realistas son los auténticos creadores de derecho, con amplia libertad para interpretar la ley. En definitiva, el derecho efectivo es el que está vigente porque se aplica. Entre las corrientes del RJ tenemos al **empirismo** intuitivo de Holmes, el escepticismo de Frank, la racionalidad moderada de Cardozo, el psicologismo de Olivecrona y las versiones sistemáticas de Ross. Opuesto: **formalismo jurídico**.

Rebelión: Alzamiento violento contra los **poderes** establecidos. En nuestro ordenamiento legal, la R es un **delito** que busca cambiar la **Constitución**, deponer alguno de los poderes **públicos** del **gobierno** nacional o presionar de diversos modos para provocar o evitar la aplicación de determinadas medidas o actos de gobierno. Cabe diferenciar entre una **R militar** y una **R popular**.

Recall: También conocido como **destitución popular**, el R es un mecanismo de **democracia semidirecta**, en **virtud** del cual el **pueblo** –convocado a la consulta- destituye a un funcionario, revocando su mandato.

Recurso: Instrumento utilizado por quien se considera agraviado, para impugnar una resolución judicial y exigir su reforma o anulación. Hay

R ordinarios (**R de reposición**, **R de apelación**, **R de nulidad** y **R de queja**) y **R extraordinarios** (R ante la Corte Suprema, o R de inaplicabilidad de la ley).

Recurso ante la Corte Suprema: Ver **recurso extraordinario**.

Recurso de amparo: Ver **amparo**.

Recurso de apelación: Recurso ordinario presentado por quien se siente agraviado por una resolución judicial, con el fin de que sea modificada total o parcialmente por un tribunal de instancia superior.

Recurso de casación: Práctica jurídica que tiene la finalidad de uniformar la **jurisprudencia**. El RC se utiliza creando un tribunal o corte de casación con jurisdicción en todo el país, que tiene como función juzgar si en las **sentencias** dictadas por los tribunales se ha aplicado o interpretado correctamente la **ley**.

Recurso de inaplicabilidad de la ley: Recurso extraordinario cuya finalidad es evitar **sentencias** contradictorias, de manera tal que se mantenga por parte de los tribunales una interpretación uniforme de la **ley**. Esto ocurre porque las **Cámaras** de Apelaciones están divididas en Salas, y no es extraño que éstas den diferentes soluciones a casos similares. Según el artículo 288 del Código de Procedimientos Civil y Comercial "El recurso de inaplicabilidad de la ley sólo será admisible contra la sentencia definitiva que contradiga la doctrina establecida por alguna de las salas de la cámara en los 10 años anteriores a la fecha del fallo recurrido y siempre que el precedente se hubiere invocado con anterioridad a su pronunciamiento". El fallo dictado se denomina fallo plenario y tiene carácter obligatorio para todos los jueces respecto de los cuales la Cámara en cuestión es tribunal de alzada.

Recurso de nulidad: Recurso ordinario que se utiliza para solicitar la invalidez –argumentando vicios en el proceso- de una resolución judicial.

Recurso de queja: Recurso ordinario que el requirente se presenta ante una instancia superior, cuando el juez de la instancia inferior deniega la **apelación** y aquel considera que la denegación es improcedente.

Recurso de reposición: Recurso ordinario que se presenta al juez que ha dictado una resolución con el fin de que la cambie o la deje sin efecto.

Recurso extraordinario (Argentina): Herramienta jurídica vinculada a la **doctrina de la supremacía constitucional**. Reglamentado por la **Ley** 48, tiene las siguientes características: a) es una **apelación** por la que se incita a intervenir al tribunal superior para corregir una decisión jurisdiccional previa, b) pero es una apelación excepcional, aplicable sólo para el llamado caso **federal** y, c) tiene como objeto mantener la supremacía de la **Constitución Nacional** y el orden jurídico federal. Así, el objetivo es que se declare la **inconstitucionalidad** de leyes o actos contrarios a la Constitución.

Recusación: Pedido de una parte litigante para apartar del proceso a un juez sospechado de parcialidad.

Referéndum: Aprobación o rechazo a través del **voto** popular de una **norma** o medida sancionada por el **Estado** con anterioridad a la consulta. Otra definición distingue al *R* del **plebiscito** (ver), planteando que en el segundo se vota a favor o en contra de una persona y no de una **ley** (como en el caso del *R*). Puede ser **facultativo** u obligatorio. Los orígenes del *R* se encuentran en la **Asamblea** suiza en el siglo XVI y en el proyecto de **Constitución** francesa redactado por J. J. **Rousseau**. En la **Constitución** Nacional figura desde 1994 en su artículo 40 como "**consulta popular**".

Reforma constitucional: Procedimiento para modificar la **Constitución** de un **Estado**. En el caso de la Constitución **Argentina**, la necesidad de la RC –según el artículo 30- debe ser declarada por las dos terceras partes de los miembros del **Congreso**, convocándose a una **convención constituyente.**

Reforma de la Constitución de 1860 (Argentina, 1860-1866): Primera reforma de la **Constitución Nacional**, que paradójicamente no se basó en lo estipulado en el artículo 30 (que prevé los mecanismos para implementar una reforma de la **Carta Magna**) sino en el **Pacto de San José de Flores** y el Convenio Complementario del 6 de junio de 1860. Debido a ello, se constituyó una Convención Nacional *ad hoc* con un carácter especial y anormal. Según González Calderón, esta Convención no tuvo un **poder** constituyente sino simplemente reformador, reafirmando con ello la primacía de la Constitución de 1853. Sánchez Viamonte, por el contrario, sostuvo el carácter constituyente de esa Convención, equivalente al que tuvo el Congreso Constituyente de 1852-1853. La reforma de 1860 intridujo dos modificaciones: eliminó la exigencia de que sólo el **Senado** pudiera iniciar reformas de la Constitución (artículo 51) y suprimió la prohibición de reformar la Constitución de 1853 hasta pasados diez años de su juramento (artículo 30).

Reforma de la Constitución de 1866 (Argentina, 1866-1898): La reforma de 1866 se limitó al examen del artículo 4 y del inciso 1 del artículo 67 en lo relativo a los derechos de exportación.

Reforma de la Constitución de 1898 (Argentina, 1898-1949): Al igual que la reforma de 1866, la de 1898 se limitó a cuestiones puntuales, a saber: a) fijar el número de habitantes que el artículo 37 exige como base para elección de **diputados** nacionales, b) establecer el número de ministros del **Poder Ejecutivo** (artículo 87) y, c) en lo referente al inciso 1 del artículo 67 y su prohibición de instalar **aduanas** libres en los **territorios** del sur de la república **Argentina.**

Reforma de la Constitución de 1949 (Argentina, 1949-1956): Durante el primer **gobierno peronista**, se incorporaron los **derechos sociales** y las nuevas funciones de un **Estado** más intervencionista. Se estableció la **función social de la propiedad** y la posibilidad de la reelección presidencial. El conjunto de la **oposición** antiperonista se retiró del recinto de sesiones, dejando solo al oficialismo. Fue derogada por la **Revolución Libertadora** el 27 de abril de 1956.

Reforma de la Constitución de 1957 (Argentina, 1957-1994): La **Revolución Libertadora** derogó la **Constitución peronista** de 1949 "por defectos formales y contenido totalitario" y reestableció la Constitución de 1853 con las reformas de 1860, 1866 y 1898. La reforma más importante fue la introducción de **derechos sociales** del artículo 14 bis. También se agregó al artículo 67 el inciso 11, referente al código "del **trabajo** y seguridad social". El resto de las modificaciones previstas no llegó a implementarse, ya que un conjunto de **diputados** se retiraron de ls sesiones, dejando a la **Convención Constituyente** sin el número mínimo necesario para sesionar.

Reforma de la Constitución de 1994 (**Argentina, 1994** →): Luego de la firma del **Pacto de Olivos** en 1993, se reformó la **Constitución**, estableciéndose límites a las facultades del **Poder Ejecutivo** y reduciendo su mandato de 6 a 4 años, con reelección. Reglamentó la promulgación de los **decretos** de necesidad y urgencia, y proclamó la **autonomía** de la Ciudad de Buenos Aires.

Regalías: Atribución exclusiva del **soberano** de un **Estado**. Por ejemplo, en la **Edad Media** los **reyes** tenían ciertas R, como acuñar **moneda** o el manejo de milicias, que podían ser cedidas a los **señores** a cambio de **tributos**.

Régimen político: Conjunto de reglas que regulan la lucha por conquistar y ejercer el **poder estatal**, el modo de ejercerlo y las relaciones entre las distintas **instituciones**. Si bien las clasificaciones son muy diversas, entre los RP más destacados encontramos a la **monarquía absoluta**, la **monarquía parlamentaria**, la **república**, la **democracia representativa**, la **democracia directa**, el **autoritarismo**, el **totalitarismo**, el **parlamentarismo** y el **presidencialismo**. Un mismo **Estado** puede tener diferentes RP: así, el Estado esclavista griego y romano tuvo alternativamente un RP monárquico, republicano, democrático y dictatorial. El Estado **feudal** tuvo su forma de **Imperio** en el *Reich* alemán y de **absolutismo** en Francia. Y el actual Estado **capitalista** experimenta RP que van desde la **democracia burguesa** hasta la **dictadura militar**. El **gobierno**, por su parte, es el personal político que ocupa transitoriamente el **poder** político del Estado.

Reparaciones: Las R o indemnizaciones de **guerra** son los pagos que los países vencedores imponen a los perdedores en concepto de compensación por los costos del esfuerzo bélico realizado. Las más importantes R han sido las impuestas a **Alemania** en el **Tratado de Versalles**. Para algunos autores, las condiciones abusivas de las mismas fomentaron el crecimiento del **nazismo**.

República: (Del latín *res publica* = cosa **pública**). Según la clasificación de **Aristóteles, gobierno** de todos. Es una de las tres formas puras de gobierno, junto con la **monarquía** y la **aristocracia**. Su forma impura o deformada es la **democracia**. La mezcla de ricos y pobres, es decir, de riqueza y libertad, forma la R. Aristóteles considera que la combinación entre democracia y **oligarquía**, que da como resultado la R, es el **"justo medio"**. **Montesquieu** definió a la R como el gobierno donde todo (democracia) o parte (aristocracia) del **pueblo** tiene el **poder** soberano. Una visión más institucionalista puede definir a la R como un estilo de **gobierno** basado en la **división de poderes**, el **equilibrio de poderes**, la transparencia de los actos de gobierno y la renovación de autoridades por el **sufragio** (es decir, con cargos no hereditarios ni vitalicios), con un **gobierno** plural, igualitario, con **soberanía** popular, despersonalizado y responsable, periódico y electivo, entre otras características.

Requisa: Ver **confiscación**.

***Res nullius*:** Locución latina que significa "cosa de nadie".

Resistencia: Ver **derecho de rebelión**.

Responsabilidad: Condición de imputabilidad del que transgrede una **norma jurídica**, que resulta pasible de una **sanción**. La R puede ser subjetiva –cuando existe intencionalidad- u objetiva –cuando no la hay-, individual o colectiva.

Revocatoria de mandatos: Propuesta de una parte del cuerpo electoral que exige una votación popular para decidir la continuidad o no de un **funcionario** político.

Revolución: Cambio abrupto y profundo que implica el reemplazo de un **modelo** vigente por otro que se le impone. Una R puede producirse en los campos más diversos: en la **política** –por ejemplo, la **R Francesa**-, la **sociedad** –**R Industrial, R social**-, la **ciencia** –**R copernicana**- y la **Psicología** –la R del **Psicoanálisis**-.

Revolución social: Cambio violento de las relaciones de **propiedad** y las **relaciones de producción** impulsado por **clases sociales** revolucionarias, hasta entonces dominadas por otras. Utilizando la **dialéctica** hegeliana, **Marx** explica el fenómeno de la RS como el resultado del conflicto entre las **relaciones de producción** y las **fuerzas productivas**: hay momentos en que las relaciones de producción que favorecen a la **clase dominante** son una traba para el **desarrollo** de las fuerzas productivas (**tesis**). Una clase que va progresando y desarrolla las fuerzas productivas puede presionar a las viejas relaciones de producción, provocando la reacción de la clase dominante, porque está amenazado el orden vigente (**antítesis**). Si la clase en ascenso es lo suficientemente fuerte, puede abrirse "una época de RS" y de ese conflicto pueden surgir nuevas relaciones de producción (**síntesis**), que volverán a ser armónicas con las fuerzas productivas. Hasta que la rueda vuelva a girar... (nueva tesis, nueva antítesis, nueva síntesis...). De este modo, vemos que las relaciones de producción pueden hacer avanzar a las fuerzas productivas o pueden convertirse en una traba, todo depende de la **lucha de clases** en cada época. Por ejemplo, antes del capitalismo las relaciones de producción **feudales** –que rechazaban los cambios- frenaban el desarrollo del **comercio**, la **industria** y la **ciencia**. Fue entonces cuando la burguesía como fuerza productiva naciente y revolucionaria, se rebeló, hasta cuestionar las bases materiales del **feudalismo** y derrocarlo. La **burguesía** impulsó con las relaciones de producción capitalistas, el desarrollo de las fuerzas productivas (esto es muy claro con la **Revolución Industrial**). Con el tiempo, dice Marx, esa misma clase social comenzó a ser un freno hasta llegar a destruir a las fuerzas productivas. Por ejemplo, las dos **guerras** mundiales del siglo XX han provocado una formidable destrucción de las fuerzas productivas: vidas humanas, edificios, maquinaria, campos, etc. Marx plantea entonces que, cuando las relaciones de producción frenan el desarrollo de las fuerzas productivas, y éstas se rebelan, se abre la mencionada época de RS.

Romanización: Adquisición de las **costumbres**, **leyes** y lengua romanas por parte de los **pueblos** conquistados por **Roma**.

S

Sanción: Acto de **coacción** o privación de un bien socialmente válido (por ejemplo, la vida, la **propiedad** o la libertad). Consecuencia perjudicial consistente en la privación de un **bien**, para el sujeto responsable de una conducta antijurídica o **acto ilícito**.

Sanción: Aprobación de un proyecto de **ley** por parte de una de las **Cámaras** del **Congreso**.

Sanción represiva (Émile Durkheim): Aplicación a un **individuo** de un castigo determinado por haber transgredido una **norma**. La SR es propia del **derecho penal**. Es el tipo de **derecho** que se aplica en la forma de **solidaridad mecánica**, ya que en el cumplimiento de la norma influye en forma decisiva el miedo al castigo. Opuesto: **sanción restitutiva**.

Sanción resarcitoria: Ver **sanción restitutiva**.

Sanción restitutiva (Émile Durkheim): Reestablecimiento del orden existente al momento de que se violara una **ley**. Por ejemplo, un hombre inicia un **juicio** por daños y perjuicios para que se le restituya la pérdida que lo llevó a iniciar el **pleito**. Es el tipo de **derecho** que se aplica en la forma de **solidaridad orgánica**. El fundamento de este tipo de adhesión a la **norma** está determinado por el reestablecimiento del derecho que le corresponde al otro. Opuesto: **sanción represiva**.

Savigny Friedrich Karl von (1779-1861): Jurista e historiador alemán, fundador de la **Escuela histórica del Derecho**. Se opuso a la codificación y defendió la aplicación de la **costumbre**. Entre sus obras principales encontramos a: *Sistema del Derecho Romano actual* (1840-1849).

Secular: Relativo al siglo o a algún **fenómeno** centenario. También es S lo **profano** o no religioso.

Sedición: Alzamiento en armas contra un **poder** provincial, con el fin de cambiar la **Constitución** local, deponer alguno de sus poderes o presionar para que se aplique o se evite aplicar una **norma** o acto de **gobierno**. Constituye un **delito** contra los poderes públicos y el orden constitucional.

Segunda Instancia: Cámara de apelaciones que recibe para su revisión las **sentencias** de la **Primera Instancia**, pedido de alguna de las partes en litigio. Formada por varios jueces –tribunal colegiado-, sus **fallos** pueden ser revisados por la **Corte Suprema**, en calidad de instancia superior. También se le llama **tribunal de alzada**.

Seguro: Contrato que obliga a una **persona jurídica** o natural a resarcir a otra por pérdidas o daños de cosas sobre las que corra un riesgo, a cambio de un pago periódico.

Senado: Ver **Cámara de Senadores**.

Sentencia: Fallo o **veredicto** dictado por un juez o tribunal que pone fin a un **pleito** judicial. Se habla de S definitiva para describir a la resolución del juez sobre el asunto principal de un juicio al término de éste. La S firme es aquella resolución que no puede modificarse por ser **cosa juzgada**.

Separación de poderes: Ver **división de poderes**.

Siete partidas (siglo XIII): Recopilación realizada por el Rey Alfonso X, El Sabio, de toda la legislación de su época. Las SP se inspiraron en el **Derecho Romano**.

Sine die: Expresión latina que se utiliza para designar la postergación de algo sin fecha.

Sine qua non: Expresión latina que

significa "sin la cual no" y que se emplea como **condición necesaria** para que algo se produzca o se haga.

Soberanía: Suprema autoridad del **poder público**, capacidad de un **Estado** de manifestar su **poder** cono único frente a otros Estados (S *del* Estado) y al interior de un **territorio** (S *en* el Estado). La S nació en **Francia** en su lucha contra el **Sacro Imperio Romano Germánico** y se popularizó a fines del siglo XVI junto con el **concepto** de **Estado moderno** y la pretensión de un poder estatal como único y exclusivo sujeto de la **política** (siendo la **monarquía absoluta** su primer expresión), afirmándose sobre la organización **medieval** del poder donde la S estaba dividida entre el **papado**, el **Imperio** y el **vasallaje** (ver **poliarquía**). Justamente, el **absolutismo** puso en crisis a la concepción **teocrática** de la S (ver **Querella de las investiduras**), que hacía depender el poder terrenal del poder divino (sobre esa base gobernaron los **incas**, los chinos, los **faraones** egipcios y los **emperadores** de Roma, **Bizancio**, **Alemania**, **Francia** e **Inglaterra**). Si en un principio, los monarcas absolutos justificaron su poder en nombre de Dios, a medida que se consolidaron esto fue haciéndose menos necesario. Jean **Bodin** reivindicó la S absolutista y le adjudicó las siguientes características: suprema, ilimitada, imprescriptible, indivisible e inalienable. También le atribuyó cinco facultades: dar la **ley** a todos y a cada uno, decretar la **guerra** o la paz, nombrar a sus funcionarios, ser la última instancia decisoria y conferir la gracia a los condenados por encima de las leyes y las **sentencias** judiciales. Sin embargo, contra la postura de Bodin acerca de que el depositario de la S era el Príncipe, surgió la concepción democrática de la S: para **Locke** el depositario de la S será entonces el **Parlamento** (ver **liberalismo político**), para **Rousseau** el **pueblo** (ver **voluntad general** y los aportes de su antecesor, **Marsilio de Padua**) y para Sièyes la **Nación** (concepción jurídica de la S cuya personificación es el Estado, en oposición a la postura rouseauniana). Justamente, la lucha por la S en el Estado moderno se centró entre el **Rey** y la **aristocracia**, por un lado, y la **burguesía** y el **pueblo**, por el otro. Aparecieron entonces **teorías** de la S, como la de Jellinek, que reivindicaron el sometimiento del poder al orden jurídico (**Estado de Derecho**). Otra visión planteó que la S es la voluntad del **Estado-Nación** (ver) y que tiene cuatro características: la S es una, indivisible, inalienable e imprescriptible. Hans **Kelsen**, por su parte, reivindicó la supremacía del **Derecho Internacional Público** por sobre el **Derecho Constitucional** nacional. Así, para Kelsen ningún Estado es soberano en la medida en que todos deben someterse al orden jurídico internacional. Desde el punto de vista del **decisionismo** (una suerte de absolutismo moderno que abrió las puertas del **nazismo**), Herman Heller afirmó que la S es un poder en última instancia y Carl **Schmitt** planteó que es el poder de un Estado para decidir en situaciones excepcionales acerca de quién es amigo y quién es enemigo. Por lo tanto, es el poder de suspender el orden jurídico vigente en situaciones normales. Lo que manda es el monopolio de la decisión más que el monopolio de la fuerza. La existencia misma de la S ha sido cuestionada desde diversos ángulos. Por ejemplo, hay quienes argumentan que existen Estados sin S, como es el caso de los Estados miembro de un Estado **federal**. Y en las últimas décadas, los desarrollos de la **tecnología** y las comunicaciones, los problemas ecológicos, las **migraciones** internacionales y la circulación mundial de **capitales** y en general el fenómeno de la **globalización**, han puesto en cuestionamiento la actualidad del concepto, aunque como contraparte se observa un auge de los **nacionalismos** y de la fragmentación de Estados. (Ver también **Reforma Protestante**, **contractualismo**, **constitucionalismo**).

Soberanía del pueblo: Tesis sostenida por Jean J. **Rousseau** por la que los **individuos** y el **pueblo** representan, respectivamente, al interés individual y al **interés general**. Esa **voluntad general** no es la suma de las voluntades particulares, ni es la voluntad de todos, sino el **derecho** del pueblo en su conjunto a elegir su **gobierno**, el cual sólo es legítimo si tiene ese respaldo popular. Cada uno de los **individuos** que componen ese pueblo (los **ciudadanos**) posee una alícuota de **soberanía**. Así, la soberanía está fraccionada y los representantes tiene un **mandato imperativo** dado por sus electores. Opuesto: **soberanía nacional**, como **poder** soberano que constituye un todo indivisible.

Soberanía fraccionada: Ver **soberanía del pueblo**.

Soberanía nacional: Suprema autoridad **política** en manos de la **Nación**, a quien representan quienes son elegidos ejerciendo un **mandato representativo**. Históricamente, tras una primera etapa posterior a la **Revolución Francesa**, donde pesó la idea roussoniana de **soberanía del pueblo**, la Nación se impuso como depositaria de la **soberanía**, por encima del **pueblo** y del monarca.

Sobreseimiento: Absolución de una persona acusada por la justicia, en razón de la inexistencia de **delito** o porque no hay suficientes pruebas para culparla.

Socialización de los medios de producción: Transformación de los **medios de producción** de una **sociedad** en **propiedad colectiva**. Se distingue de la **nacionalización** o **estatización**

en que la SMP tiene como meta el control de la sociedad sobre la **producción** y la progresiva extinción del **Estado**, mientras que aquella fortalece a éste. Además, las nacionalizaciones o estatizaciones no cambian el carácter de **clase** del Estado (así, es posible que los medios de producción sean estatizados en el marco del **capitalismo**, en lo que se conoce como nacionalizaciones **burguesas**).

Sociedad: Grupo de personas, **familias** y **pueblos** que conviven en un mismo **territorio**. Todo agrupamiento humano, toda relación organizada o no, directa o indirecta, consciente o inconsciente, de cooperación o de antagonismo. La naturaleza social de **Aristóteles** (el *zoon politikon*), la teoría del **contrato social** y la teoría de la **acción social** de **Weber** son diversos modos de explicar el origen y/o el fundamento de la S. Para el **funcionalismo**, la S es una serie de **roles** y *status* relacionados, que están institucionalmente establecidos. El **marxismo** considera que la S implica la organización de la **producción** material, lo que determina determinadas relaciones históricas de **propiedad**, distintos **modos de producción** y la existencia de la **lucha de clases**.

Sociedad: Asociación de dos o más personas con fines de **lucro**.

Sociedad anónima: Tipo de **sociedad** que divide su **capital** en **acciones**, a las que vende en el **mercado** y que -cuando necesita un **préstamo**- lo consigue emitiendo **obligaciones** que coloca por el mismo procedimiento. Otro tipo de sociedad es la de responsabilidad limitada: el inversor-accionista sólo pierde el importe de sus acciones en caso de que quiebre la entidad, pero nunca se verá afectado en su patrimonio. La SA se consolidó en el siglo XVII y con ella nació la **bolsa**.

Sociedad comercial: Persona **jurídica** constituida a partir de un **contrato** por el cual sus partes integrantes se comprometen a aportar recursos para producir o intercambiar **bienes** y **servicios**, y se muestran dispuestos a participar tanto en los **beneficios** como en las pérdidas.

Sociedad de hecho: **Sociedad** irregular que posee todas las características de una **sociedad comercial**, pero que no se ha formado según lo establecido legalmente.

Sociedad de responsabilidad limitada: Ver **SRL**.

Sociedad disciplinaria (Michel Foucault): Descripción de la **sociedad** de los siglos XVIII, XIX y especialmente del siglo XX: la sociedad que impone la **disciplina** y el control a los **individuos** en cada uno de los lugares de encierro de esa sociedad: la **familia**, la escuela, la **fábrica**, el cuartel, el hospital y, el modelo de todos ellos: la cárcel, el lugar destinado a los transgresores del "pacto social", a los que cometen **delitos**, dañando a la sociedad. El proyecto de la SD es el de someter a los individuos para convertirlos en **fuerzas productivas**.

Sociedad panóptica: Ver **panóptico**.

Solvencia: Situación de un **agente** económico que carece de deudas o que, de tenerlas, puede afrontarlas en tiempo y forma. Opuesto: **insolvencia**.

SRL: Abreviatura de la **Sociedad de Responsabilidad Limitada**, tipo de sociedad donde los socios no comprometen su **capital** personal en caso de quiebra, sino sólo el **capital** social, formado por cuotas. Poseen gerentes que actúan como representantes legales y administradores. La SRL surgió en el marco de la **Revolución Industrial** y fue un impulso para la **inversión**.

Suma del poder público (Argentina, 1835-1852): Concentración en un órgano del **Estado** del **poder público**. En la **Argentina**, al calor de la experiencia de J. M. de **Rosas**, la SPP está prohibida por el artículo 29 de nuestra **Constitución**.

Superestructura (Karl Marx): Conjunto de las **instituciones** e ideas **políticas**, ideológicas, jurídicas, religiosas, estéticas y morales de una **sociedad**, que está determinado materialmente por la **estructura** –sobre la cual, a su vez, reactúa–. Pertenecen a la SE el **Estado**, los **medios de comunicación**, las **teorías** científicas y políticas, los **partidos políticos**, la **Iglesia**, la justicia, etc. Por una parte, tenemos una SE jurídico-política, donde el Estado ejerce el uso de la violencia y la **coerción** en beneficio de la **clase dominante**. Por ejemplo, reprimiendo una manifestación de **trabajadores** – la SE **política** actuando directamente– o cuando las **leyes** hablan de que el contrato de trabajo es equivalente: el capitalista le paga al **obrero** un **salario** por su trabajo y todo parece igualitario (**Marx** expondrá sobre esto su teoría de la plusvalía). Es un ejemplo de cómo opera la SE jurídica. Junto con la SE jurídico-política, aparece una SE ideológica: son **instituciones** y sujetos dedicados especialmente a difundir el pensamiento y la visión del mundo –la **ideología**- que le interesa a la clase dominante, con la finalidad de preservar el orden social dominante. Por ejemplo, el patriotismo –que se basa en sentimientos genuinos de pertenencia a un lugar y a una historia común- puede ser usado para unir bajo la misma bandera a explotadores y explotados: "somos todos argentinos", dirá la ideología dominante. Pero algunos "argentinos" tienen yates de lujo, grandes empresas, **bancos**, canales de televisión, miles de millones de dólares. Y otros "argentinos" no tienen nada o casi nada. Marx sostiene que quienes producen la riqueza de un país son éstos y no aquellos. En la SE, entonces, existen dos modos de **dominación**: a través de la búsqueda de **consenso** y por medio de la coerción (en un lenguaje coloquial podríamos decir: "por las buenas y por las malas"). El objetivo del **marxismo** es destruir la SE y la estructura del **capitalismo** e impulsar transformaciones revolucionarias en todos los terrenos.

Suprema Corte: Ver **Corte Suprema de Justicia**.

Supremacía de la Constitución: Ver **Doctrina de la supremacía constitucional**.

T

Talión: Ver **Ley del Talión**.

Tarde, Gabriel de (1843-1904): Psicosociólogo y criminalista francés. Estudioso del comportamiento criminal, planteó que la imitación es el principio básico de vida social (por eso, para T el crimen tiene causas sociales y no biológicas como afirmaban C. Lombroso y E. Ferri). Sostuvo que la individualidad se va construyendo a medida que queremos ser otros. Entre sus obras principales encontramos a: *Las leyes de la imitación* (1890).

Telos: Voz griega que significa finalidad o meta.

Teoría de la imprevisión: Facultad atribuida por la **ley** al deudor para demandar la extinción de su **obligación**, debido a la excesiva e intempestiva onerosidad de ésta, y su consiguiente liberación sin responsabilidad. En nuestra legislación figura en el artículo 1198 del **Código Civil**.

Teoría del contrato social: Ver **contractualismo**.

Teoría del mandato (John Austin, 1832): Corriente jurídica que define a la **norma** como un mandato respaldado por amenazas de aplicación de una **sanción**. Para **Austin**, hay un nexo psicológico entre el deber y la sanción: el miedo a convertirse en **sujeto** pasivo del acto coactivo.

Teoría pura del derecho **(Hans Kelsen, 1934):** Obra fundamental del **positivismo jurídico**, en la que **Kelsen** expone su **teoría**, describiendo al **Estado** como a un **sistema** de **normas**, de las cuales unas se desprenden de otras. La norma, es decir el **derecho**, es la que otorga la función. Esa cadena de normas forma el **derecho positivo**, porque fueron establecidas basándose en los preceptos de una anterior, hasta que se llega a la más antigua, llamada **norma fundamental**.

Territorio: Lugar geográfico en el que habita una **población** determinada. Es el soporte físico de la **Nación** y del **Estado** y delimita el ámbito espacial dentro del cual éste ejerce su **poder**.

Terrorismo (1789 →): Utilización de la violencia con fines políticos, en general para generar caos y desestabilizar el orden político imperante. El término se utilizó por primera vez durante las ejecuciones **políticas** producidas en el marco **Revolución Francesa** ("período del Terror"). Diversas tendencias han apelado al T: algunas vertientes **anarquistas** lo practicaron en el siglo XIX y algunos grupos guerrilleros lo han hecho durante el siglo XX. En la actualidad se habla de T para designar actos criminales y/o suicidas –atentados, secuestros, sabotajes, etc- en general ligados al **fundamentalismo** de raíz **islámica** – por ejemplo, en el atentado a la AMIA en la **Argentina** en 1994 o a las Torres Gemelas en 2001-. Sin embargo, existe un tipo de T que supera en sus alcances al ejercido desde afuera del **Estado** y es –precisamente- el **T de Estado**. En este sentido, pueden considerarse terroristas las políticas expansionistas e intervencionistas de EE.UU. en **Irak** o de **Rusia** en Chechenia y las políticas implementadas por las **dictaduras militares** latinoamericanas de la década de 1970, entre otros.

Terrorismo de Estado: Planificación estatal represiva que incluye asesinatos, torturas y secuestros, con el objeto de perseguir a los opositores políticos. En la **Argentina** el TDE fue una de las bases del **Proceso de Reorganización Nacional**.

Tipicidad: Hecho que está legalmente catalogado como ilícito, constituyendo un **delito** porque forma parte de un tipo penal. Sin embargo, la T no necesariamente presupone una conducta antijurídica, ya que existen causas que excluyen la antijuridicidad de un hecho.

Típico: Que pertenece a un tipo, que se encuadra dentro de determinada categoría.

Tipificar: Adecuar una **conducta** a un patrón establecido. En derecho penal, realizar una figura jurídica o **delito**.

Tipo penal: Elementos o requisitos que debe reunir una **conducta** para ser catalogada bajo la forma de determinado **delito**.

Título: Documento que otorga derechos o **créditos** a su poseedor. En

Economía, el T implica un **derecho** de **propiedad** sobre un **bien** tangible o intangible.

Títulos públicos: Bonos emitidos por el **Estado**, con un **valor nominal** fijo y otro variable según su cotización en la **bolsa**. Con la emisión de TP, el **Estado** busca fondos para financiar su **déficit fiscal** o para contar con fondos para gastar. Cuanto más riesgo haya de que esos bonos no sean pagados por un Estado, mayor es la **tasa de interés** que ofrecen.

Transgresión: Acto antijurídico, contrario a la **norma jurídica**. Opuesto: **deber jurídico**.

Tratado: Pacto o acuerdo entre dos o más **Estados** para definir aspectos políticos, económicos y/o militares.

Tribunal de alzada: Ver **segunda instancia**.

Tribunal Internacional de Justicia: Ver **Corte Internacional de Justicia de La Haya**.

Tribuno de la plebe (Antigua Roma): Magistrado defensor de los derechos de los **ciudadanos**.

U

Última instancia: Ver **en última instancia**.

Ultima ratio: Último recurso o recurso extremo al que se apela en una situación límite.

Ultimatum: Último aviso que se hace con el objetivo de disuadir a una persona, grupo o **Estado**, forzándolo a abandonar una postura determinada bajo la amenaza de tomar determinadas sanciones, por lo general de carácter violento.

Usucapión: Forma de adquisición de la **propiedad** de una cosa por su **posesión** ininterrumpida durante un determinado lapso de tiempo (el cual varía según se trate de **bienes** muebles o inmuebles, si obró de buena o mala fe el poseedor, etc).

Usufructo: Derecho real al uso y disfrute de una cosa que es **propiedad** de otro. La persona que ejerce el U sobre una cosa –el usufructuario– puede obtener de ella frutos, pero no le está permitido, sin embargo, transformar su forma o su **sustancia**.

Usura: Interés excesivo o abusivo, muy por encima del **precio de mercado**, que se cobra por un **préstamo** en **dinero** o por **mercancías** vendidas a **crédito**. En algunas legislaciones la U es considerada un **delito** contra la **propiedad**.

Utilidad pública: Declaración obligatoria que debe realizar el **Estado** en relación con una **propiedad privada** que va a ser objeto de **expropiación**.

V

Validez: Cualidad de un **acto jurídico** para producir efectos legales.

Veda: Prohibición.

Veredicto: Ver **fallo**.

Veto: Derecho legislativo del que en los regímenes **presidencialistas** o semipresidencialistas dispone el **Presidente** de la **Nación** –que es el caso de la **Argentina** (artículo 83 de la **Constitución**)- o una **corporación** (por ejemplo, los militares) para rechazar una **ley** aprobada por el **Parlamento** (aunque la insistencia de los dos tercios por parte de éste lo contrarresta). En los **EE.UU.** es una práctica constante (por ejemplo, **Roosevelt** lo utilizó más de seiscientas veces). También existe un V de hecho, cuando algún **grupo** tiene el **poder** no escrito de bloquear la aprobación de ciertas leyes que afectan sus intereses. En el Consejo de Seguridad de la **ONU** hay cinco países que tienen un poder de V permanente (EE.UU., **Rusia, China, Francia e Inglaterra**), de modo que un solo **voto** en contra de alguno de ellos impide la concreción de alguna medida.

Vigilar y castigar. El nacimiento de la prisión (**Michel Foucault**, 1965): Descripción del **sistema** carcelario como **modelo** de la **sociedad panóptica** y relato de las relaciones de **poder** y la opresión ejercida a partir de los **saberes** y los **discursos** dominantes en las distintas épocas. **Foucault** relata cómo, si en el siglo XVIII predominaba el castigo brutal y público, la exhibición de la tortura y el dolor (por ejemplo, quemar vivo a quien mató a un **Rey** a la vista de todo el **pueblo**, a modo de espectáculo), en el siglo XIX se pasará a la vigilancia y el control sistemático de todos y cada uno de los movimientos del prisionero. El encierro rigurosamente controlado pasa a ser el castigo general y único. Lejos de ser la cárcel el lugar para "reformar" al **individuo** y "reinsertarlo" en la sociedad, la prisión sirve para crear al reincidente, evitando que millones de pobres y oprimidos se organicen políticamente, y formando una fuerza de choque para reprimir la organización y las protestas populares (barras bravas, patotas, torturadores, mafias, etc). Además, la existencia de la delincuencia, presta un justificativo para que haya

más policías. La idea es que el poder
no opera a través de la **represión** o
la **ideología**, sino por la **disciplina**, la
normalización. Y esto no sólo en la
cárcel, sino en cada uno de los espacios sociales: la escuela (el alum-
no obediente), la **fábrica** (el "**gorila
amaestrado**" del **fordismo**), la **familia**
(el ama de casa sumisa), etc.

Vinculante: Decisión aprobada por el
pueblo en una **consulta popular** que
debe ser adoptada obligatoriamente
por el **Estado**.

Von Savigny, Friedrich Karl: Ver **Savigny, Friedrich Karl von** .

BIBLIOGRAFÍA

En todos los casos se cita el año de edición consultada, que no necesariamente coincide con la primera edición de la obra ni con el año en que ésta fue escrita.

LIBROS

Aftalión, Enrique y Vilanova, José, *Introducción al Derecho*, Abeledo-Perrot, Buenos Aires, 1994

Alchourrón, Carlos y Bulygin, E., *Introducción a la metodología de las ciencias jurídicas y sociales*, Astrea, Buenos Aires, 1974

Bidart Campos, Germán, *Derecho político*, Aguilar, Buenos Aires, 1962

-, *Lecciones elementales de política*, Ediar, Buenos Aires,

-, *Manual de Historia Política*, Ediar, Buenos Aires, 1994

Bobbio, Norberto y Bovero, Michelángelo, *Origen y fundamento del poder político*, Grijalbo, México, 1985

-, *Sociedad y Estado en la filosofía política moderna*, FCE, México, 1986

Borda, Guillermo, *Manual de Derecho Civil*, Abeledo-Perrot, Buenos Aires, 1999

Di Pietro, Lapieza Eli, *Manual de Derecho Romano*, Depalma, Buenos Aires,

Durkheim, Emile, *La división del trabajo social*, Planeta-Agostini, Barcelona, 1985

Duverger, Maurice, *Instituciones políticas y Derecho Constitucional*, Ariel, Barcelona, 1970

Foucault, Michel, *La verdad y las formas jurídicas*, Gedisa, Barcelona, 1984
-, *Microfísica del poder*, Editorial de La Piqueta, Madrid, 1979

-, *Vigilar y castigar*, Siglo XXI, México, 1976

Gómez, Astrid y Bruera, Olga, *Análisis del lenguaje jurídico*, Editorial de Belgrano, Buenos Aires, 1982

Guibourg, R., Guarinoni, R. y Ghigliani, A., *Introducción al conocimiento jurídico*, Astrea, Buenos Aires,

Hamilton, A., Madison, J. y Jay, J., *El Federalista*, FCE, México, 1987

Hegel, Georg, *Principios de la Filosofía del Derecho*, Sudamericana, Buenos Aires, 1975

Heller, Hermann, *Teoría del Estado*, FCE, México, 1974

Hobbes, Thomas, *Leviatán*, FCE, México, 1980

Kelsen, Hans, *Teoría pura del Derecho*, Eudeba, Buenos Aires, 1960

Kogan. Hilda y Sanguinetti, Horacio (comps.), *Introducción al conocimiento de la sociedad y el Estado*, Eudeba, Buenos Aires, 1985

Llambías, J., *Tratado de Derecho Civil*, Perrot, Buenos Aires,

Locke, John, *Segundo tratado sobre el gobierno civil*, Alianza, Madrid, 1990

Loewenstein, Karl, *Teoría de la Constitución*, Ariel, Barcelona, 1983

López, Mario Justo, *Manual de Derecho Político*, Kapelusz, Buenos Aires, 1973

-, *Partidos políticos. Teoría general y régimen legal*, Depalma, Buenos Aires, 1982

Marx, Karl, *Manuscritos de 1844*, Cartago, Buenos Aires, 1984

-, *Prólogo a la contribución a la crítica de la Economía Política*, Sarpe, Madrid, 1985

Marx, Karl y Engels, Friedrich, *La ideología alemana*, Grijalbo, Barcelona, 1972

Montesquieu, Charles-Louis de Secondat, *Del espíritu de las leyes*, Ediciones Orbis-Hyspamerica, Buenos Aires, 1984

Nino, Carlos, *Introducción al análisis del Derecho*, Astrea, Buenos Aires, 1980

Pasquino, G. et al, *Manual de Ciencia Política*, Alianza, Madrid, 1992

Prado, Juan José, *Manual de introducción al conocimiento del Derecho*, Abeledo Perrot, 1995

Prelot, Marcel, *La Ciencia Política*, Eudeba, Buenos Aires, 2004

Rosenfeld, Carlos et al, *Principios del Derecho Privado*, Eudeba, Buenos Aires, 2001

Ross, Alf, *Sobre el Derecho y la justicia*, Eudeba, Buenos Aires, 1994

Rousseau, Jean Jacques, *Discurso sobre el origen de la desigualdad de los hombres*, Alba, Madrid, 1998

-, *El contrato social*, Edicomunicación, Barcelona, 1998

Russo, Eduardo A., *Derechos humanos y garantías*, Eudeba, Buenos Aires, 2001

-, *Teoría general del Derecho en la Modernidad y en la Posmodernidad*, Abeledo-Perrot, Buenos Aires, 1997

Sabine, G. H., *Historia de la Teoría Política*, FCE, México, 1982

Sanguinetti, Horacio, *Curso de Derecho Político-Ciencia Política*, Astrea, Buenos Aires, 1986

Sartori, Giovanni, *Ingeniería constitucional comparada*, FCE, México, 1984

Strasser, Carlos, *Teoría del Estado*, Abeledo Perrot, Buenos Aires, 1986

Tauber, Ricardo et al, *Filosofía y formación ética y ciudadana II*, A-Z Editora, Buenos Aires, 2002

Zorraquín Becú, Ricardo, *Historia del Derecho argentino*, Abeledo-Perrot, Buenos Aires,

ARTÍCULOS

Foucault, Michel, "Las redes del poder", en *Fahrenheit 451*, Buenos Aires, 1993

Hopenhayn, Martín, "Michel Foucault. Poder y condicionamiento", en *Revista David y Goliat N° 50*, Buenos Aires, 1986

Vanossi, Jorge Reinaldo, "Las reformas de la Constitución", en *Todo es historia N° 316*, noviembre de 1993.

Vigo, Rodolfo, "La injusticia extrema no es derecho", en *La Ley*, Provincia de Buenos Aires, 2004, pp. 253-260.

ENCICLOPEDIAS, DICCIONARIOS Y GLOSARIOS

Berlín Valenzuela, Francisco (Coordinador), *Diccionario universal de términos parlamentarios*, Cámara de Diputados del Honorable Congreso de la Unión, Miguel Ángel Porrúa editor, México, 1997

Bobbio, Norberto y Matteucci, Nicola, *Diccionario de Política*, Siglo XXI, México, 1983

De la Vega, Julio César, *Diccionario consultor político*, Editorial Libres, Buenos Aires, 1989

Di Tella, Torcuato et al, *Diccionario de Ciencias Sociales y Políticas*, Ariel, Buenos Aires, 2004

Ghersi, Carlos A. (comp.), *Diccionario de términos jurídicos más usuales*, La Ley, Buenos Aires, 2004

Mentor, *Enciclopedia de Ciencias Sociales*, Océano, Barcelona, 2000

Pardo Alonso, Inmaculada et al, *Diccionario de Ciencias Sociales*, Editorial Escuela Española, Madrid, 199